기도가
세상을 구할 것입니다

원저: Et la prière sauvera le monde, Daniel Marguerat, Cabédita 2017

기도가 세상을 구할 것입니다 by 다니엘 마르그라
copyright ⓒ 2021 by 다니엘 마르그라 All rights reserved.
This 1st edition was published by FRANCISCAN PRESS in 2021
by arrangement with DANIEL MARGUERAT
1st edition ⓒ 2021 by DANIEL MARGUERAT

기도가 세상을 구할 것입니다

교회 인가 서울 대교구 | 2021년 6월 14일
1판 1쇄 | 2021년 6월 29일
1판 2쇄 | 2024년 3월 19일

지은이 | 다니엘 마르그라
옮긴이 | 박희전
교정교열 | 이충환
표지 및 내지 디자인 | 박선영

펴낸이 | 김상욱
만든이 | 이상호
만든곳 | 프란치스코 출판사(제2-4072호)
주　 소 | 서울 중구 정동길 9
전　 화 | (02) 6325-5600
팩　 스 | (02) 6325-5100
이메일 | franciscanpress@hanmail.net
홈페이지 | https://blog.naver.com/franciscanpress
인쇄 | 유진보라

ISBN 978-89-91809-83-3 93230
값 10,000원

기도가
세상을 구할 것입니다

다니엘 마르그라 지음
박희전 옮김

프란치스코
출판사

.... contents

옮긴이의 말 7

들어가며 15

제1장 ─ 담대하게 기도하기 19

제2장 ─ 어떤 하느님께 기도하고 있는가 53

제3장 ─ 기도가 응답을 받으려면 95

제4장 ─ 기도는 우리를 변화시킨다 127

제5장 ─ 기도 154

참고 자료 156

옮긴이의 말

　우리는 왜 기도하는 것일까요? 단순히 불안하기 때문일까요? 불안하기 때문에 기도가 잘 안 되면 또 어떻게 해야 하는 것일까요? 단순한 명상 운동처럼 심신의 평화만을 위해 기도하는 것일까요? 그러면 이렇게 말씀하시는 교우들도 계실 것입니다. "신부님, 지푸라기라도 잡는 심정에서 기도라도 해야 되지 않나요? 그래야 희망을 놓지 않을 수 있으니까요." 맞습니다. 사실 그렇지요. 누가 뭐라 해도 그래도 기도가 희망의 끈이 되어 주니까 그렇습니다.

　그런데 이 정도의 대답으로 속이 시원하신가요? 기도에 대한 갈증이 완전히 해소되고, 어떻게 기도하고 왜 기도해야 하는지 그 의문이 정리가 되시나요? 게다가 안개처럼 뿌연 하느님에 대한 이해와 우리의 영성 생활의 궁극적 목적에 대하여 명쾌한 답이 손에 잡히시나요?

　사제인 저도 개인적으로 이런 고민이 늘 있었습니다. 그리고 늘 기도를 잘 하는 사람인 것처럼 연기를 한다는 죄책감도 늘 있었습니다. 그래서 어떤 누가 기도에 관하여 명쾌하게, 그것도 성경의 관점에서 잘 정리해 준다면 좋겠다는 생각을 해 오던 참이었습니다. 그런데 놀랍게도 주님께서 이 책을 만나게 해 주셨습니다. 저자인 다니엘 마르그라Daniel Marguerat 교수님은 직접 뵙지는 못했지만, 제가 로마에서 유학하던 시절에 저의 은사 교수님들이 자주 인용하시던 책의 저자이십니다. 그래서 유달리 익숙한 이름을 기억하던 차에, 제가 구독하던 이탈리아의 출판사 신착 도서 소식지 이메일 가운데 이 책이 눈에 띄었습니다. 다니엘 마르그라 교수님은 개신교 목사이시며 스위스 로잔 대학교 신약학 교수이시며, 2007년 세계신약학회Studiorum Novi Testamenti Societas의 회장을 역임하실 정도로 가톨릭-개신교 신약학자들 사이에 인정받는 분이십니다. 그래서 저자의 실력과 권위도 신뢰가 갔고, 또 책 소개의 글을 읽어 보고 다시 한 번 확신을 얻어 이 책을 번역하게 되었습니다.

"사실, 기도는 하느님 앞에 머무는 만큼 하느님과 이야기하는 것이 아닙니다. 뇌과학이 보여 주듯이 기도는 우리 내면을 변화시킵니다."

기도에 대한 기존의 패러다임을 바꿔 줄 만한 새로운 접근이었습니다. 흔히들 기도하려면 많은 시간을 성당이나 십자고상, 성모상 등의 성물 앞에서 마치 주님 앞에 머무르듯이 그렇게 머무르며 말해야 한다고 합니다. 그런 전통적인 기도도 당연히 그리고 여전히 가치 있는 기도의 정의이자 방법입니다. 그런데 오늘날 같이 이렇게 기도가 무엇인지조차 모르는 시대에, 기도가 목마른 팬데믹 시대에 성당에 가지도 못하는데 그러면 어떻게 기도해야 하는 것일까요?

자연스럽게 이런 질문이 나오며, 현대적인 흐름과 변화 속에서도 기도가 원래 최초에 본질적으로 가지고 있던 '실존적 변화'를 목적으로 한다는 이 책의 가르침이 너무나 제가 찾던 오아시스였습니다. 또한 기도를 하기 어려워하고, 기도가 '짐'으로 여겨지는 수많은 교우들에게 나눌 권위 있는 기도지침서가 될 수 있으리라는 희망에, 이 책을 항상 번역하였습니다. 기도에 대한 뇌과학적인 접근도 함께 다루고 있는 측면이 현대적인 기도에 대한 접근인 동시에, 성경에 비춘 해설도 함께 한다는 차원에서 전통과 현대를 조화롭게 비춰 주고 있는 책입니다.

우리가 기도하는 궁극적 목적은 바로 '주 예수님의 마음을 아는 것'입니다. 달리 말해, 예수 성심과 같아지는 것입니다. "그리스도 예수님께서 지니셨던 바로 그 마음을 여러분 안에 간직하십시오"(필리 2,5). 왜 예수 성심을 알아야 할 필요가 있을까요? 그렇게 예수님의 감정과 생각과 똑같아져야, 우리 삶을 예수님과 함께 빚어 갈 수 있기 때문입니다. 우리 삶은 주님과 나와의 합작품입니다. 그렇게 해서 주님께서는 믿는 이들을 모두 당신을 닮게 만들고 싶어하십니다. 우리가 그만큼 존귀한 영적 존재임을 깨닫게 해 주시는 것이 예수 성심의 숭고한 뜻입니다.

부디 이 책을 읽고 기도에 대한 깨달음을 얻으시어, 단순히 심리적 불안이나 문제 해결을 위한 수단이나 방편으로 기도에 매달리지 마시고, 한 걸음 더 나아가 주님의 마음을 알아서 '존재의 변화'라는 가장 큰 주님의 축복을 실제로 체험하시길 기도합니다. 우리를 괴롭히는 모든 원수의 손에서 주님께서는 당신의 거룩하신 십자가로 우리를 영원히 자유롭게 하셨기에, 죄악으로부터 자유롭게 되었음을 굳게 믿읍시다! 그리고 그 믿음을 더욱더 키워 나가고 굳세게 하여 어떤 경우에도 주님과 멀어지지 않도록 합시다! 그리스도교 신앙은 주 예수님과의 긴밀한 관계입니다. 그래서 끊어지지 않는 주님과의 관계로, 영원한 생명에 대한 꺼지지 않는 희망을 안고, 끊임없이 기도하며(1테살 5,17) 성령의 인도에 따라 살아가시길(갈라 5,16) 기도합니다. 주님께서 주시는 당신의 사랑과 기쁨과 평화가 이 책의 독자 여러분께 늘 충만하시기를 주님의 이름으로 축복합니다. 끝으로, 사도 바오로의 다음 말씀처럼, 기도는 언제나 우리를 사랑해 주신 분의 도움의 힘이라는 점을 잊지 마시길 바랍니다. 그래서 모든 교우 여러분께서 항상 기도에서 하느님 사랑의 힘을 느끼시길 바랍니다.

무엇이 우리를 그리스도의 사랑에서 갈라놓을 수 있겠습니까? 환난입니까? 역경입니까? 박해입니까? 굶주림입니까? 헐벗음입니까? 위험입니까? 칼입니까? […] 그러나 우리는 우리를 사랑해 주신 분의 도움에 힘입어 이 모든 것을 이겨 내고도 남습니다. 나는 확신합니다. 죽음도, 삶도, 천사도, 권세도, 현재의 것도, 미래의 것도, 권능도, 저 높은 곳도, 저 깊은 곳도, 그 밖의 어떠한 피조물도 우리 주 예수님에게서 드러난 하느님의 사랑에서 우리를 떼어 놓을 수 없습니다(로마 8,35.37-39).

2021년 6월 29일
성 베드로와 성 바오로 사도 대축일에

나의 주일학교 선생님을 기리며

그분은 살아계신 하느님에 대하여
더할 나위 없는 증인이셨으며,
나에게 기도하라고 가르쳐 준 분이시다.

그리고 떼제Taizé 공동체에서는
나에게 침묵을 가르쳐 준 분이시다.

기도한다는 것은
하느님께서 우리 안에 계시는
하느님이 되도록 허락하는 것이다.

기도한다는 것은
하느님께서 그대 안에 육화 하시는 시간이다.
그대가 영감을 받도록 내려놓는 시간이다.

기도한다는 것은
하느님께서 그대를
당신의 모상으로 변모하도록 맡기는 곳이다.

기도하는 시간은
그분이 어떤 분이신지를 배우는 시간이며,
당신이 어떤 사람인지를 깨닫는 시간이다.

루이 에블리Louis Evely

이 책을 가장 먼저 읽어 주고 아주 소중한 제안을 건네준
나의 몇몇 친구들에게 감사의 마음을 표하고자 한다.
시몬 부티카즈Simon Butticaz, 페드로 E. 카라스코Pedro E. Carrasco,
이레네 케르넨Irène Kernen, 마디아나 로이Madiana Roy

들어가며

    우리가 세상을 구원한다는 것은 선한 뜻이 아닙니다. 게다가, 그런 의향이 진짜로 선한 것입니까? 그런 뜻이 세상을 구원하지 못하며, 어떤 정치적 선언들도 그렇게 하지 못합니다. 특별히 어떤 은밀한 손익계산이 없이 가능합니까? 세상을 구하기 위한 시위도 세상을 구원하지 못합니다. 그리고 시위가 항상 평화로운 것도 아닙니다. 도스토옙스키의 『백치』(The Idiot)에 나오는 미쉬낀 공작 Prince Myshkin이 확신하는 것처럼 아름다움이 세상을 구원할 것입니다. UN도 세상을 구원하지 못합니다.

    그러면 우리의 기도가 왜 세상을 구원할까요? 이에 대해 제 어깨 너머로 반대의 목소리가 들리긴 합니다. 존경하는 '신학자'님은 차라리 하느님만이 세상을 구할 수 있다고 말해야 하지 않습니까? 그리고 예수 그리스도의 십자가로 세상은 이미 결정적으로 구원을 받았기에, 논의가 끝난 것이 아닙니까?

사실상, 다른 어떤 존재가 아니라 하느님께서 (이미) 세상을 구원한 분이 되셨습니다. 그러나 여전히 세상이 하느님을 갈망할 필요가 있습니다. 저는 개인적으로, 기도의 전능함을 믿지 않습니다. 이에 대해 신약성경조차도 기도의 전능함을 믿지 않는 것과 같습니다. 예수님께서 "믿는 이에게는 모든 것이 가능하다"(마르 9,23)고 말씀하실 때, 하느님의 전능하심을 확증하고 계셨던 것이지, 기도하는 이의 전능에 대하여 확증하신 것은 아닙니다. 신약성경의 저자들은 지칠 줄 모르고 꾸준하게 반복합니다. 바로 하느님께서 기도에 응답하시는 것이지, 기도하는 이가 모든 것을 얻기 위해 기도하는 것이 아니라는 사실입니다. 하느님께서는 슈퍼마켓이 아니십니다.

그렇다면 왜 이렇게 책 제목을 정한 것인가요? 그것은 세상이 구원되기를 바란다는 점이 옳기 때문입니다.

기도가 세상의 구원을 위해 필요하다는 사실 때문입니다. 하느님께서 이 세상에 사는 우리 안에 오시어, 당신 구원 업적을 우리 안에서 이루시도록 내맡길 필요가 있기 때문입니다. 기도하는 것은 하느님 면전에서 살아가는 것이며, 그분께 열려 있는 상태로 존재하는 것입니다. 차츰차츰 아버지의 자녀들이 됩니다. 나는 나도 모르게 구원받지 못할 수도 있습니다. 기도는 하느님께서 나 자신의 변화를 가능케 하도록, 그분을 향해 돌아서서 "예"라고 응답하는 것입니다.

제1장

담대하게 기도하기

　기도가 위기에 처했다고 말합니다. 기도하지 않는 외부인의 입장에서 보자면, 기도는 전능하신 하느님 앞에 무릎을 꿇는 모습이기에, 이는 마치 어린이처럼 퇴행하는 그런 형태로 보입니다. 성년이 된 어른은 이렇게 애달프게 무릎을 꿇지 않고 기도해야 한다고 보는 것입니다. 반면 기도를 하며 살아가는 내부자 입장에서 보자면, 기도의 응답을 고대하지만, 그토록 갈망하는 응답이 오지 않게 되면 기도하는 이의 믿음이 쇠약해지게 됩니다. 그리고 아마도 하늘에서 어떤 개입을 해 줄 것이라는 가설에 맡긴 채로 기도하는 것이 양 소매를 걷어붙인 채로 기도에 임하는 것보다 더 낫지 않겠습니까? 오늘날 이 시대의 정신은 기도하도록 북돋아 주는 쪽은 별로 장려하지 않으면서, 기도를 행위로, 어떤 특정 동작을 취하는 방향으로만 보는 쪽으로 몰아넣고 있습니다.

그렇다고 기도의 모든 것이 완전히 다 실종된 것은 아닙니다. 다만 예외적인 상황에서만 바치는 것으로 한정되었습니다. 무언가 필요한 경우에 기도합니다. 비탄에 잠겨 도움이 절실한 곤궁한 처지에서 기도합니다. 위협이 닥쳤으나 그에 상응하여 대항할 아무런 도움이 없을 때에 기도합니다. 누군가의 공격으로 발생한 커다란 집단 감정에 관하여 기도합니다. 우리는 우리의 울부짖음이 하느님의 관심을 일깨울 것이라는 생각으로, 하느님께서 당신 침묵에서 깨어나시기를 기도합니다. 한때 하느님께서 개입주의셨는데, 이제 와서는 자유방임주의를 택하신 것이겠습니까?

실제로 기도는 결코 그 자체로 이뤄지지 않았습니다. 바오로 사도가 "끊임없이 기도하십시오"(1테살 5,17)라고 기록했을 때, 이는 지친 그리스도인들을 향해 설교하고 있었던 것입니다. 신약성경을 읽으면서 놀랍게도 우리는 기도에 대해 결코 그 어떤 설명이 나타나지 않았다는 점을 깨닫게 됩니다. '어떻게' 기도하라는 점은 설명하지 않지만, '왜' 기도하라는 점은 설명합니다. 왜 끊임없이 기도해야 하나요? 우리가 할 수 있는 말이 명백히 침묵뿐이어도 왜 계속 끊임없이 기도해야 하는 것일까요?

하느님 앞에 현존하기

우리가 기도할 때에 무엇을 하나요? 성경은 기도와 연관된 다양한 동사를 활용하여 우리의 움직임을 다음과 같이 표현하고자 합니다. 애원하다, 찬양하다, 영광을 드리다, 질문하다, 드높이다, 축복하다, 감사하다, 고백하다, 흠숭하다, 섬기다, 찾다. 기도라는 행위는 다양한 태도, 지향, 자세에까지 널리 확장됩니다. 여기에 대해서는 나중에 다시 논의하도록 하겠습니다. 우리 기도의 시작은 이것이 아닙니다. 왜냐하면 서두에서 강조하였듯이, 기도하는 이가 '무엇을 하느냐'는 아무런 상관이 없고, 오히려 기도하는 이가 '어떻게 있느냐'가 더 중요하다는 점입니다.

제가 기도할 때, 저의 자리는 하느님 앞에 있습니다. 아니 이렇게 말하는 것이 더 나을지 모르겠습니다. 저의 올바른 상태는 그분 면전에 계속 머무르는 것입니다. 마치 행위와 존재가 서로 대립하는 것처럼 말하는데, 그렇기 때문에 기도와 행위가 서로 대립되는 것처럼 여기는 방향을 따라갑니다. 기도는 행위와는 다른 별도의 구도를 갖고 있습니다. 기도하는 이는 하느님 앞에 있습니다. 기도하는 이는 하느님 면전에서 말합니다. 무엇보다도 기도는 무엇인가를 하느님께 말하거나, 우리가 필요한 것들에 대해 하느님과 통교를 한다거나 또는 하느님으로부터 흘러나온 신비들을 다시금 그분에게 돌려드리는 것으로 이루어지지 않습니다. 기도는 그저 하느님께 말씀드리는 것입니다.

저의 두 손을 모을 때, 하느님 앞에 제가 있습니다. 제가 두 손 모아 기도할 때, 저는 그분 앞에 있는 것 이외의 다른 모든 행위를 그만둡니다. 제가 두 눈을 감을 때, 저는 주변 소음에서 물러나서, 저의 내면으로, 제 존재에 대해 깊이 묵상하는 그 심연으로 물러갑니다.

  기도에 대한 온갖 견해에서 만약 그 목적을 드러내고 싶지 않다면, 그럴 경우에는 우리가 상상할 수 있는 모든 것을 초월하는 한 사건이 있고, 그 사건은 헤아릴 수 없는 차원을 지니고 있으며, 바로 초월적 차원에 대해 인정하는 것으로부터 시작해야 합니다. 주변의 것으로부터 모두 물러난 나의 육신을 이제 하느님 앞에 있도록 내맡깁니다. 오직 그분을 위해 존재하기 위해서입니다. 기도에 대한 모든 연구의 출발점은 경이로움이고, 반드시 그곳으로부터 시작해야 합니다.

  하느님 앞에 있음으로 맺는 이런 친밀감을 우리는 산상 설교 속 기도에 관한 교리적 가르침에서 찾아볼 수 있습니다. 거기에서 우리는 노출증 환자가 하는 하나의 과시 행위로서 기도하지 말라는 권고를 보게 됩니다. 오히려 자기 자신과 하느님 사이에 나누는 은밀하고도 사적인 대화로 여기라는 가르침을 얻습니다.

너희는 기도할 때에 위선자들처럼 해서는 안 된다. 그들은 사람들에게 드러내 보이려고 회당과 한길 모퉁이에 서서 기도하기를 좋아한다. 내가 진실로 너희에게 말한다. 그들은 자기들이 받을 상을 이미 받았다. 너는 기도할 때 골방에 들어가 문을 닫은 다음, 숨어 계신 네 아버지께 기도하여라. 그러면 숨은 일도 보시는 네 아버지께서 너에게 갚아 주실 것이다(마태 6,5-6).

이 대목을 보고 공동체 기도를 비난하는 논리를 옹호할 사람이 있을지 모릅니다. 왜냐하면 여기서는 각자의 방에 스스로를 가두고 홀로 조용히 기도하는 것이 권장되기 때문입니다. 그러나 그것이 이 대목의 핵심 가르침이 아닙니다. 오히려 예수님에게는 대중에게 경건해 보이려는 의도를 비난하는 것입니다. 이런 기도는 기도의 본질을 왜곡시켜서, 대중들의 마음을 사로잡아서 기도하는 이들을 사람들의 기억에 남기려는 목적을 가질 뿐입니다. 그 당시 열심한 바리사이들이 자신들이 미리 짜놓은 시간표에 따라 하루에 세 번씩 전례적으로 바치는 의무 기도를 채우기 위해 바쳤던 것을 의미하는 것으로 생각됩니다. 그러면서 수많은 군중이 함께 모인 가운데 자신의 존재를 입증해 보이려는 형태로 기도를 바쳤던 것입니다. 더욱더 잘 보이는 장소를 고르고, 여러 길의 교차로에 도착하여 기도를 바쳤습니다. 예수님께서는 이런 기도에 대하여 반대하십니다. 왜냐하면 그분이 생각하시기에 기도란 기본적으로 자기 자신을 하느님 면전에서 잠시라도 현존케하는 것이기 때문입니다. 그렇기에 아주 친밀한 관계를 느끼기에는 각자의 방이 기도하기에 더 나은 장소입니다. 기도할 때 나의 정체성은 어떤 다른 사람에 의해 형성되는 것이 아니라, 바로 하느님 앞에 머무를 때 형성됩니다.

미리암 수녀님(프랑스 뢰이유Reuilly 수녀원장)께서는 이렇게 기도를 하느님 면전에서 자기 자신이 잠심潛心에 몰두하는 것이라고 말씀하셨으며, 이것이 "멜로디의 중심"이라고 하십니다. "모든 인간은 세상의 어떤 음악가도 이해할 수 없는 멜로디 속에 살고 있습니다. 한숨 소리, 울부짖음, 말 한마디, 독백, 욕망, 충만함에 대한 욕구, 존재의 지속성이라는 멜로디 속에 살고 있습니다."[1] 모든 사람들이 자기 자신의 고요 속으로 물러날 때에, 자기 존재의 심연에서 일어나는 고유한 움직임을 알아차리도록 초대됩니다. 불교의 스님들은 '옴'이라는 멜로디를 소리 내어 말하면서 그런 움직임을 알아차립니다. 이런 음색은 자기 전부를 울리게 하는 소리입니다. 우리 모두는 각자의 고유한 '울림소리'를 간직하고 있습니다.

신경 과학이 밝혀낸 기도에 관한 사실들

최근에 이르러서, 신경과학적 연구들은 신앙생활을 하는 동안의 인간의 두뇌 활동에 대해 탐구했습니다. 이때 "하느님은 두뇌 안에 있다"라고 다른 미디어에서 바보같이 전달하는 것처럼, 그렇게 모든 것을 그런 기준으로 환원시키지 않으며 접근하였습니다. 그런 연구 결과

---

1 SOEUR MYRIAM, *Seigneur, donne-nous la prière*, Declée de Brouwer, Paris 1998, 25.

는 다음과 같습니다. 어느 한 사람이 기도하거나 묵상을 할 때, 그 사람의 특정 두뇌 영역들에서 변화하는 활동을 명백히 보게 되며, 특별한 변화들을 체험하게 된다는 점입니다.

어느 한 사람이 묵상을 하게 될 때, 시간과 공간 지각 능력을 담당하는 뇌의 정수리 영역이 억제되고 대뇌 전두엽 피질 및 측두엽이 자극됩니다. 그러므로, 한 개인은 시공의 흐름으로부터 스스로를 격리시키고, 자신이 우주 전체의 일부가 되는 일체감을 얻습니다. 따라서 묵상은 시공을 초월하여 전체성과 연결되는 것을 가능하게 합니다. 그러나 기도하는 사람들에게서 확인된 뇌 영상을 보면 뇌의 다른 영역도 활성화되는 것을 알 수 있습니다. 하느님과 합일하려는 뇌 구조가 이제 하느님과 대화하려는 구조로 바뀝니다. 기도하는 활동에 동원되는 뇌 회로는 사실상 대인 관계에 해당되는 것입니다. 사실, 하느님(혹은 어떤 신이라고 치자)께 기도하는 것이 산타클로스를 생각하는 것과 전혀 다르다는 것을 과학적으로 보여 줍니다. 기도는 뇌에서 나(I)와 당신(YOU) 관계에서 작동하는 활동 영역을 동원합니다.

두뇌 활동에 대한 신경 생물학적 연구는 아직 초기 단계에 불과합니다. 이 분야의 개척자인 앤드류 뉴버그 Andrew Newberg의 여러 연구가 있은 뒤에, 마리오 보레가 Mario Beauregard, 데니스 오리어리Denys O'Leary의 최신 연구에서 신경 신학(Neurotheology)²의 개념을 수립하였고, 그들의 축적된 연구를 발표하고 자료로 출판하였습니다. 여기서 첫번째로 중요한 결과는 신앙 행위를 하는 동안 종교활동과 연관되는 두뇌 활동의 변이들, 곧 뇌의 특정 부분이 억제되었든지 혹은 활성화 되었든지 변화들은, 그리스도교, 이슬람교 또는 불교 등 종교의 변화와 관계 없이 변하지 않는다는 점입니다.

저는 이와 같은 초기 신경 과학의 연구들에서 영적 행위에서 전형적으로 나타나는 고립의 효과와 나(I)—당신(YOU) 식의 대화형을 취하는 점에 대해 강조하고자 합니다. 그러나 저는 다양한 전례 행위들(예배, 미사)이 약간

---

2 MARIO BEAUREGARD, DENYSE O'LEARY, *Du cerveau à Dieu*, Trédaniel, Paris 2015.

놀랍게도 기도가 요청하는 고유한 자기 자신에 깊이 몰입하는 것을 별로 반기지 않는다는 점을 꼭 덧붙이고자 합니다. 경신행위에서는 자주 장황한 장면들, 음악과 말들이 너무 홍수를 이루기도 합니다. 그래서 "일어서십시오. 앉으십시오. 일어서십시오"로 반복적인 리듬을 이루고 있습니다. 거기에 참례하는 교우들이 깊이 숨을 들이쉴 틈도 없이 대부분 반복적 동작이 이어집니다. 그런 점에 비하자면, 떼제 공동체를 방문하는 이는 그곳의 고요와 침묵의 중요성과 그 무게에 아주 놀라게 되고 아름답다고 느끼게 됩니다. 제 안에서 목소리들이 상충하며 내는 시끄러움을 잠재우려면 저는 어느 정도의 시간과 고요로 들어가기 위한 침묵이 필요합니다.

어떤 사람들은 기도를 하늘에서 오는 전화라고 믿고 싶어할 것입니다. 왜냐하면 전화처럼 상대방과 연결될 수 있는 정확한 전화번호를 누르기만 하면 되기 때문입니다. 만일 서로 간에 항시 믿음을 가지고 있는 상태라면, 그런 상호 의사소통은 항상 성사될 것입니다. 그러나 실상, 그 일이 그리 간단하지 않습니다. 기도라는 행위는 경이로운 만남에 항시 열려 있는 태도를 요하기 때문입니다.

기도에 대한 의구심을 제기하는 입장으로 다시 돌아가도록 합시다. 포이어바흐, 니체와 프로이트는 인간이 기도하기를 그만두는 이유를 분류하기 위해 서로 힘을 합쳤습니다. 이어지는 면들에서 우리는 감사하다 말하기가 어려운 것인지에 관해, 자신을 죄인으로 인정하는 용기에 관해, 그리고 질문하고 요구할 자유의 의미에 관해 정확히 찾아보도록 하겠습니다.

찬미를 향한 도전

이 부분에 관해서는 하느님께 감사와 찬미를 되돌려드리는 것이 어떤 종교적 소외감 또는 나쁜 신앙에 속하는 표현이라는 의심으로부터 시작해 보도록 합시다. 이는 환상 속에 등장하는 아주 훌륭한 아버지 앞에서 그분께 절하거나 마치 자기 자신이 특권을 받은 것에 대한 이기적인 만족감을 표현하는 것과 같다는 주장입니다. 한 신학자는 최근 선데이 로스트[3]에 감사하는 사람들에 대해 격분하였습니다. 인류의 절반이 전혀 맛도 볼 수 없는 그런 식사 앞에서 감사하는 것이 혐오감을 불러 일으키지 않겠습니까? 하지만, 실제로는 그런 뜻이 아닙니다. 내가 하느님께 감사를 드리는 것은 내 삶의 주체가 내가 아니라는 것을 뜻합니다. 나는 하느님께서 내 앞에 미리 앞서 주신 선물로 살아간다는 것을 인정하는 것입니다. 감사하는 것은 전능에 대한 환상을 포기하는 것입니다. 하느님을 "아버지"라고 부르는 것은 자기 자신이 모든 사물과 사람의 아버지라는 그런 믿음을 포기하는 것입니다. 물론 이런 맥락에서 유아기에 생긴 부권에 대한 이상적 이미지와 하느님 아버지 간에 중첩될 가능성을 프로이트가 배제하는 것은 타당합니다. 이 주제

---

[3] 역주: Sunday roast라고 하여 영국과 아일랜드에서 주일에 먹는 전통 식사로, 구운 고기와 구운 감자, 그레이비소스gravy sauce 등을 곁들여 먹는 특별한 식사를 의미한다. 영국으로부터 영향을 받은 국가들도 주일에 선데이 로스트를 먹는다.

에 대해서는 다음 장에서 다루도록 하겠습니다. 그러나 우리가 가진 것과 우리가 경험한 것 그 자체에 대해 하느님께 감사하는 것은 주님께서 주신 원초적인 선물에 대한 부채 의식을 반영합니다.

그러나 아무도 자기가 받은 선물과 능력을 함께 나누고 내어주는 것을 회피해서는 안됩니다. 왜냐하면 그 능력을 하느님에게서 받았다는 의식 때문에 생겨난 책무이기 때문입니다. 이에 대해 무자비한 종의 비유(마태 18,23-35)에서 훌륭하게 보여 주고 있습니다. 이야기의 주인공인 종은 자기의 임금으로부터 엄청나게 높은 부채 탕감(1만 달란트)을 받았습니다. 그런 종이 자신의 동료에게 60만 배 낮은 부채, 곧 100 데나리온을 면제해 주기를 거부합니다. "내가 너에게 자비를 베푼 것처럼 너도 네 동료에게 자비를 베풀었어야 하지 않느냐?" 임금은 화를 내며 묻습니다. 이 종의 죄는 소위 배은망덕의 괘씸죄가 아닙니다. 그의 잘못은 윤리적인 것이 아니라 영적인 것입니다. 그가 받은 선물을 다른 동료에게도 전달하지 못하였다면, 그것은 임금이 베푼 자비심을 받아들여 자기의 자비심과 합치지 않았기 때문입니다. 그 사람은 그때에 자신의 삶 전체가 임금이 주신 선물에 기반을 두고 있다는 사실을 깨닫지 못했습니다. 게다가 임금님의 놀라운 관대함에 빚진 마음을 바탕으로 살아야한다는 것도 깨닫지 못했습니다. 만일 이를 깨닫게 된다면 그는 자기 손을 펴서 동료에게 줄 수도 있습니다. 경제적으로 돈이 궁핍한 상태에서 살거나, 더 나쁜 경우에는 돈이 자신의 노력의 산물이라고 확신하여, 돈이 곧 다 떨어질 것이라는 두려움을 갖고 사는 것으로 인하여, 원래 재화를 만드신 분과 그분의 선하심을 생각하면서 살아야 하는 삶에서 언젠가는 끝날 수 밖에 없는 현세적인 것들을 움켜쥐고 놓지 않게 됩니다.[4]

그분의 너그러우심 때문에 하느님을 찬미하는 것은 그분께서 주신 거룩한 선물로 살아가는 점에 대해 그분 앞에서 감사한 마음을 가지는 것을 뜻합니다. 또한 내 이마에 흐르는 땀의 대가로 월급을 받았다 하더라도, 궁극

---

4 DANIEL MARGUERAT, *Dieu et l'argent, une parole à oser*, Cabédita, Bière 2013, 10-20, 34-35.

적으로 제 삶의 에너지와 힘은 하느님께서 주신 생명이라는 원초적 선물에서 나왔다고 저는 믿습니다. 이 때문에 식사 전 기도는 심지어 식당에서 나쁜 계산서를 받는다고 하더라도, 잠깐 동안이라도 이 모든 것이 누구에게서 왔는지, 누구 덕분에 음식을 먹게 되는지 기억하는 습관적 형식의 행위를 취하는 것입니다. 빵 앞에서 기도하면서, 우리는 빵이 우리에게 주어졌다고 고백하고 우리의 영이 빵이 부족한 사람들을 생각하며 깨어 있음을 유지하려고 합니다. 그렇기에 제 판단에는, 상기에 인용한 신학자는 잘못된 목표를 가지고 있었다고 생각합니다.

기본적으로 사람은 자신의 생명에 대한 권리도, 자신의 기쁨을 받을 자격도 없습니다. 두 손을 모으고 찬미 소리가 울려 퍼지게 하는 일은 그저 고뇌하는 몸짓이 아니라 인간이 자신의 삶에 펼쳐진 일에 대하여 놀라워하며 드리는 감사의 몸짓입니다. 자만심으로 가득해서 감사함을 느낄 줄 모르는 바보만이 이렇게 생각할 수 있습니다. 오직 자기 자신만이 스스로의 행복을 이루는 건축가라고 착각할 수 있습니다.

자기 자신을 죄인이라고 인정할 수 있는 용기

자기 죄를 고백하는 행위는 그 즉시 "유대-그리스도교식 죄책감으로 인하여 생겨난 상처와 고정관념"을 완전히 씻겨 주는 매개체로 작용하여 죄악의 쇠사슬을 풀어 준다는 생각을 삼가야 합니다. 이는 마치 복음의 핵심이 해방하시는 분의 용서 선포가 아닌 것처럼 말입니다. 분명히 그리스도교가 지닌 멋진 가치를 부정하는 것만큼 어리석은 일이 없습니다. 그리스도교에서 아우구스티누스 이래로 원죄에 대한 오해가 생겼고, 하나의 종교적인 강요로 기능해 왔습니다. 혹시라도 자기 스스로를 교정불가능한 죄인이라고 인식하면서 스스로를 낮추지 않는다면, 용서는 쉽게 주어지지 않는다고 할 것입니다.

종교 개혁가 마틴 루터는 라틴 어로 죄인의 용서에 예리한 공식을 다음과 같이 만들었습니다. 시물 이우스 투스 엣 페카토르 Simul iustus et peccator, 셈페르 푀니텐스

semper poenitens. 이는 "모든 사람은 동시에 의인이면서 죄인이고, 항상 회개의 도상 위에 있다." 루터는 무엇을 이야기하고자 의도하였을까요? 개혁가 루터는 죄에 대한 인정이 동시에 용서·해방의 확실성을 가져다 준다고 주장하면서, 원죄와 같은 종교적 협박을 줄이고 싶었습니다. 극단적으로 보자면, 믿는 이는 자신의 오류를 통보받으면서도, 동시에 그 통보는 죄가 자신의 삶을 속박하지 않는 선포라는 것을 경험합니다. 오늘날 "죄"라는 단어에 대한 여론이 반발하고 있습니다. 자기 자신을 경멸하거나 과도하게 낮추는 좋지 않은 모든 전통과 죄가 마치 필연적으로 연결되어 있는 것처럼 말입니다. 바로 이런 이미지를 교정해보도록 합시다. 히브리어로 '죄'(하타 חטא)는 과녁을 잃어버린 상태를 의미합니다. 하느님 앞에 자신이 죄인이라는 것을 인정한다는 것은 죄가 나와 타인에게 불행을 일으키는 원인이고, 나와 타인의 삶을 빚어가기보다 파괴하는 일이 나에게도 일어난다는 점을 인정하는 것입니다. 나의 삶도 역시 수많은 성공 못지 않게 수많은 실패도 있었고, 마음을 열었다가 닫았다가,

용기를 냈다가 비겁했다가, 생산적인 움직임을 펼쳤다가 손해를 끼치는 움직임을 반복하는 등으로 이뤄졌다는 점을 인정하는 것입니다. 나의 모든 선의로, 또한 항상 선의와는 다르게 의도치 않게 나는 내 주위에 생명의 씨앗도 뿌리지만, 죽음의 씨앗도 뿌립니다. 나 자신을 죄인이라고 부름으로써, 그렇다고 운명론적이고 씁쓸한 확증(나는 이렇게 살아왔고, 아무 것도 할 수 없다)에 가로막히지 않고, 하느님께서 내게 행복이라는 소명을 주셨고, 나 홀로는 그것을 할 수 없다는 점을 인정합니다. 이렇게 부분적이라고 하더라도, 과녁이 상실되었습니다.

이렇게 과녁을 잃어버린 것을 인정하는 것은 하느님 앞에서 자신을 모욕하는 것을 뜻하지 않습니다. 하느님께서는 당신 피조물의 굴욕을 원치 않으십니다. 씁쓸한 상처로부터 해방시켜주는 용서를 받을 수 있도록 구하는 것입니다. 무의식에서 벗어나도록 하는 명쾌함을, 후회의 뿌리를 뽑는 자유를 구하는 것입니다. 요한 1서 3장 20절의 문장에서, 신약 속의 참되고 고귀한 진주 하나를 발견하게 됩니다. "마음이 우리를 단죄하더라도 그렇습니다. 하느님께서는 우리의 마음보다 크시고 또 모든 것을 아시기 때문입니다." 그러므로 하느님께서는 죄책감을 느끼게 하는 것을 넘어서서 더 큰 마음을 지니고 계시며, 죄에 대한 후회로 숨막히는 것을 넘어서서 더 위대하십니다. 죄의식에서 벗어나게 하는 거룩하신 하느님의 무상의 용서에 대한 그리스도교의 선포가 비극적으로 이상하게도 다양한 의식들에 죄의식을 심는 것을 보편 그리스도교의 프로그램으로 삼는 것으로 변화되었습니다. 그래서 적어도, 죄에 대한 책임감과 죄의식을 혼동하는 그런 여론이 생겨나게 되었습니다. 다시 한번 이런 점에 대해 논의할 필요가 있습니다. 복음은 나 자신이라는 내 인생에서 가장 엄격한 재판관으로부터 스스로를 해방시키라고, 하느님께서 우리의 고정 관념을 뒤집어엎는 선포입니다.

하루는, 한 살인자가 이렇게 말했습니다. "하느님께서 저를 용서해 주셨다는 것은 알지만, 제가 저 자신을 언젠가 용서할 수 있을지 모르겠습니다." 이런 고백을 하기 위해 일부러 살인할 필요는 없습니다. 사람들이 말하는 것과는 달리 자기 자신의 잘못을 고백하는 일은 믿는 이가 후회의 무게에서 벗어나 자신의 인간적 존엄을 되찾는 길에 들어서는 것을 말합니다. 그러나 루터가 사용한 세번째 용어인 셈페르 푀니텐스(항상 회개의 도상에 있음)를 잊지 말아야 합니다. 용서를 받는 것이 동일한 실수를 저지를 수 있는 면허를 받은 것은 아닙니다. 통회의 정신, 즉 자신이 지은 죄에 대해 애석해 하는 마음은 자신이 비참함 속으로 빠져드는 것을 뜻하지 않습니다. 그것은 오히려 자신의 실수로부터 무언가를 배운다는 인식을 반영합니다.

물어 볼 자유

저는 교리 교육에서 균형 잡힌 기도가 다음의 이 세 단어를 중심으로 이뤄진다는 것을 배웠습니다. 감사합니다-미안합니다-부탁합니다. 여기에서 우리는 마지막 단계로, 기도가 나 자신을 위해서나 다른 이들을 위한 중재 기도의 형식을 취하는 것을 봅니다. 여기서 의문이 하나 생깁니다. 병자들을 위하여 또는 전쟁에 처한 이들을 위한 중재 기도, 기아에 시달리는 이들을 위해 기도하는 것은 타인에 대한 배려에서 벗어나서 행동하기를 포기한다는 의미가 아닙니까? 알프레드 드 비니(Alfred de Vigny, 프랑스 낭만파 시인이자 소설가요 극작가)가 이렇게 기록하였습니다. "통곡하고, 눈물 흘리고, 기도하는 이 세 가지 모두 값싼 몸부림입니다."

어느 우아한 비유가 정확히 그 반대를 말합니다.

예수께서 다시 그들에게 이르셨다. "너희 가운데 누가 벗이 있는데, 한밤중에 그 벗을 찾아가 이렇게 말하였다고 하자. '여보게, 빵 세 개만 꾸어 주게. 내 벗이 길을 가다가 나에게 들렀는데 내놓을 것이 없네.' 그러면 그 사람이 안에서, '나를 괴롭히지 말게. 벌써 문을 닫아걸고 아이들과 함께 잠자리에 들었네. 그러니 지금 일어나서 건네줄 수가 없네' 하고 대답할 것이다. 내가 너희에게 말한다. 그 사람이 벗이라는 이유 때문에 일어나서 빵을 주지는 않는다 하더라도, 그가 줄곧 졸라 대면 마침내 일어나서 그에게 필요한 만큼 다 줄 것이다. 내가 너희에게 말한다. 청하여라, 너희에게 주실 것이다. 찾아라, 너희가 얻을 것이다. 문을 두드려라, 너희에게 열릴 것이다"(루카 11,5-9).

기도에 대한 이 작은 교리 교육은 놀랍기만 합니다. 우리가 생각하는 기도란 두 인물(나와 하느님)의 이야기로 생각하는 반면에, 예수님께서는 세 인물을 말씀하십니다. 기도하는 이, 한밤중에 방해하는 친구, 빵을 청하는 친구 집에 온 친구. 여기서 '3'이라는 숫자에 주의를 기울여 봅시다. 한번 빠르게 본문을 읽어 보면, 두 사람만이 나오는 것으로 이해됩니다. 빵 세 덩이를 요구하는 친구와 빠른 시간 안에 청하는 빵을 빌려 줘야 하는 남자, 이렇게 두 명만이 본문의 등장인물로 생각합니다. 그러면 당연하게도 세 번째 등장 인물은 자연히 잊혀집니다. 그러나, 양자 간의 우정을 더욱더 촉발하는 사람이 바로 이 세 번째 인물입니다. 한 여행자가 배가 고파서 한밤중에 모든 식료품점과 상점이 문을 닫았기 때문에, 이런 우정 관계의 발휘가 촉구되었습니다. 만일 예수님께서 기도를 두고 두 사람 간에 일어난 뜻밖의 사건으로 보셨다면, 이 세 번째 사람, 즉 모든 일이 일어나게 하는 사람을 소개하지 않으셨을 것입니다.[5]

우리의 기도는 때때로 혹은 종종 2차원적인 이야기, 곧 두 친구 사이의 이야기들입니다. 하느님께서 계시고 내가 있습니다. 그리고 기도는 서로 간의 은밀한 대화, 하느님과 기도자 사이의 친밀함 가운데 이뤄집니다. 우리의 기도, 그리스도교의 기도는 다른 모든 종교들에 있는 것과 다름이 없게 축소될 위험이 있습니다. 내가 하느님과 개인적으로 친밀하게 관계를 갖는 숨겨진 정원에서 체험하는 것으로만 여겨질 수 있습니다.

그렇다면 그리스도교의 기도는 대체 무엇일까요? 우

---

[5] 이와 같은 나의 묵상은 다음의 설교에서 영감을 받았다: ALPHONSE MAILLOT, *Paraboles de Jésus*, Olivétan, Lyon 2006, 264-269.

리가 보았던 비유가 다음과 같이 해답을 제시합니다. 그리스도교의 기도는 3차원적으로, 세 번째 인물에게 열리는 기도입니다. 한 여행객이 한밤중에 그의 집에 예기치 않게 왔고, 그 집에 그 여행객이 머물 공간도, 빵도 없는 가운데 불쑥 찾아왔습니다. 그래서 갑자기 찾아온 친구 때문에 다른 식구들에게 피해를 입힐 수 있는 위험이 발생할 수 있기에 제공할 것이 없다고 거절합니다. 왜냐하면 팔레스타인 지방의 가옥은 방이 하나밖에 없는데, 거기서 밤에 일어나는 것은 다른 식구들을 방해하는 것이며, 게다가 문을 열어 주려다가 잠들어 있는 다른 식구들을 밟을 수 있기 때문입니다. 바로 이것이 중재 기도가 시작되는 방법입니다. 어떤 이가 있는데, 그가 굶주리고 피로하며, 고통과 슬픔, 외로움과 당혹감을 겪고 있는 이라면, 그가 우리의 고요함을 방해하며 우리의 단잠을 깨트리고 있다면 그 때에 도와 달라고 다른 이를 불러 보는 것입니다.

그러나 이런 모습을 그려 보는 것으로 그치지 맙시

다. 때로는 진정으로 도움을 요청하는 친구가 있지만, 피곤해서 비틀거리거나 실의 앞에 굴복하였거나 고독으로 인해 불확실성에 사로잡혀서 정말로 문을 두드리지 않는 친구도 많습니다. 이것이 바로 그리스도교 기도의 첫번째 단계라고 알퐁스 마요Alphonse Mailot 목사는 지적합니다. "하느님을 곧바로 방해하지 마십시오. 그렇지만 사람들이 찾아와 방해하는 것은 놔 두세요."[6] 하느님의 문을 즉시 두드리지 마시고, 자기 자신의 문을 열어 두십시오. 여러분의 출입구를 열어 둔 채로 놔 두십시오. 눈도, 귀도, 마음도 열어 두십시오. 기도는 합장한 두 손과 열린 마음을 요구합니다. 기도는 우리를 천상적 탈혼의 정점까지 잠시라도 데려가는 것이 아닙니다. 오히려 우리가 세상 깊은 곳에 뿌리를 내리게 합니다. 타인에 대한 공감적 태도에서부터 이렇게 뿌리내릴 수 있습니다.

이제 둘 중의 하나입니다. 빵이 있거나 없는 것입니

---

6   위와 같은 책, 267.

다. 만약 우리에게 빵이 있다면, 다른 사람을 방해하지 않고 공유하도록 합시다. 기도가 우리가 가진 것을 나누기를 피하면서 우리의 재화를 지키고자 하는 구실이 된다면, 우리는 최초에 언급했던 의심[7]에 빠집니다. 그렇지만 빵이 없으면 다른 사람의 집으로 달려가야 합니다. 우리는 우리 우정의 일부로서 결코 적지 않은 빵, 시간, 연대를 허용해야 합니다. 그리고 일반적으로는 우리가 더 이상 나눠 줄 것이 없다는 점을 인식해야 합니다. 고통의 드라마 앞에서, 기근의 비극 앞에서, 죽음의 블랙홀 앞에서, 세상 속 악마의 참해慘害 앞에서, 폭력과 야만으로부터 스스로를 해방시키는 가운데, 우리는 가난합니다. 세상에서 궁핍하게 살아가는 사람들처럼, 우리 자신도 아무것도 없이 살아가는 그런 가난한 사람이라는 점을 발견하게 됩니다. 우리 손은 가난한 이들의 손만큼 비어 있습니다. 더욱이, 그들이 가난하게 살아가야 하는 그런 악은 우리의 힘과 관련해서, 그들과 우리와의 힘의

---

[7] 역주: 기도와 감사가 종교를 빌미로 하는 정신병리적 표현이라는 의심.

불균형에서 비롯된 것이기 때문입니다. 그러므로 우리의 재산을 나눠 준 후에는 가난한 사람처럼 행동하는 것 외에는 다른 할 일이 없습니다. 가서 친구를 찾아서 우리 집안에 얼마나 없고, 또 우리 내면에도 얼마나 없는지 물어보십시오. 이게 그리스도교 기도의 두 번째 단계입니다. 바로 하느님을 괴롭히는 것입니다. 예수님께서 복음에서 말씀하셨던 것과 같습니다. "청하여라, 너희에게 주실 것이다."

그건 그렇고, 저는 "하느님께는 청하는 당신의 두 손 외에는 다른 손이 없다"라는 슬로건을 믿지 않습니다. 다른 사람들에게 찾아가기 이전에 당신에게 빵이 있는지 확인해 보라는 것입니다. 이 슬로건 안에 담긴 칭찬받을 만한 그런 의도를 저는 명확하게 이해합니다. 그러나 이와 유사한 다른 슬로건이 틀렸다고 말하는 것입니다. 정확하게 말하자면, 하느님께서는 나의 두 손이 아닌 다른 손을 가지고 계시기 때문에, 그 때문에 나는 두 손 모아 기도했습니다.

저는 다시 한 번 주장합니다. 청원 기도는 거부를 하면서 시작됩니다. 세상의 불행 앞에서 귀 막기를 거부하는 것, 인류가 울고 있을 때 귀마개를 씌우려는 전략을 거부하는 것, 이런 침묵의 거부가 기도의 가장 핵심적인 투쟁입니다. 이라크 모술의 수도자들에게 저는 말을 더 듣었습니다. 그들이 이슬람의 공격으로 인해 일상적인 위험에 얼마나 노출이 되어 있었는지에 대한 이야기를 해 주셨기 때문입니다. 제가 그분들께 다시금 여쭤 봤습니다. "그럼 우리는 무엇을 할 수 있습니까?" 그랬더니 그분들께서 "우리를 잊지 말아 주세요"라고 하셨습니다. 기도는 바로 이런 망각에 대항하는 무기입니다.

저는 나치 독일에 의해 추방된 위대한 스위스 개신교 신학자인 칼 바르트의 말을 좋아합니다. "두 손을 모아 기도하는 것은 세상의 무질서에 맞서 싸우기 시작하는 것입니다." 불의와 폭력 앞에서 침묵하는 것은 악인들에게 세상을 내버리는 것을 뜻합니다.

이 시점에서 제 원고를 어깨 너머로 읽은 것은 저에게 두 가지 질문을 선사합니다.

그렇다면, 루카 복음 11장의 비유에 따르면 우리를 위해 움직이실 때까지 하느님을 계속 괴롭혀야 하는 것일까요?

오, 그렇게 그림을 그리지 맙시다. 비유는 의미 있는 사실이지, 모든 특징이 하느님께 직접 적용되는 그런 우화가 아니기 때문입니다. 비유의 저자가 이렇게 말합니다. "그가 친구이기 때문에 잠에서 깨어 일어나지 않더라도…" 이것은 어떤 명료한 진리를 설명하고자 의도합니다. 우리에게 이런 비슷한 상황이 일어난다면, 우리는 방해받은 것에 화를 내지만, 결국에는 양보하면서 상황이 종료됩니다. 그러나 예수님께서 우리에게 가르쳐 주시기를 하느님께서는 아버지이시며 당신 자녀들이 행복하기를 바라신다고 하셨습니다. 이 점에 대해서는 다음 장에서 더 심오하게 다뤄 보자고 서로 약속할 수 있을까요?

지금까지, 당신은 다른 사람을 위해 요구하는 점을 말했습니다. 그럼 자기 자신을 위해서는 아무것도 청해서는 안 되는 걸까요? 그게 금지 사항인가요?

물론 아닙니다. 저는 "들음"에 대하여 강조했습니다.

이 들음이 기도에 선행되는 것이며 기도를 시작하는 때에 3차원이라고 명명했던 것입니다. 하지만 저도 이 3차원의 일부를 이루고 있습니다. 그리고 내가 기도할 때에도 내 요구에도 귀를 기울입니다. 그러므로 개인적인 요구들에 대해 어떤 검열도 거치지 않습니다. 기도하며 청하기 전에 물어야 할 유일무이한 질문은 "예수님의 이름으로" 무엇을 청할 수 있을까? 이것뿐입니다. 제3장 "기도의 성취"에서 이 질문에 대한 해답을 모색해 볼 것입니다.

공허로의 도약

기도에 대한 원론적인 의문들을 마무리하기 위하여 한 가지 더 중요한 측면을 바라보아야 합니다. 기도하는 것은 공허로의 도약입니다. 하느님께 말씀드리는 것은 침묵이 내 말을 반영하며, 그것이 부재의 표시가 아니라 특정한 현존을 나타내는 것입니다.

요한 복음에서 나타난 그리스도 고별 담화(요한 13-17

장)가 있습니다. 이 담화에서는 우리가 자주 언급할 기도에 대한 몇가지 가르침이 담겨 있습니다. 여기에 이렇게 나옵니다.

> 그날에는 너희가 나에게 아무것도 묻지 않을 것이다. 내가 진실로 진실로 너희에게 말한다. 너희가 내 이름으로 아버지께 청하는 것은 무엇이든지 그분께서 너희에게 주실 것이다. 지금까지 너희는 내 이름으로 아무것도 청하지 않았다. 청하여라. 받을 것이다. 그리하여 너희 기쁨이 충만해질 것이다. […] 나는 아버지에게서 나와 세상에 왔다가, 다시 세상을 떠나 아버지께 간다(요한 16,23-24.28).

"그날"은 시간의 끝이 아니라 부활절 이후의 시간을 의미합니다. 예수님께서 예언하신대로 제자들이 당신 이름으로 하느님께 그들의 청원을 아뢰고 그들은 응답을 받을 것입니다. 여기서, 예수님께서는 이 세상을 떠나실 지점을 찾아 볼 수 있습니다. 그분의 죽음은 아버지께서 당신 친교 안으로 예수님을 맞이하실 것이고, 예수님께서 아버지께로 되돌아가는 것을 동시에 의미합니다. 그래서 기도와 예수님의 부재 사이의 상관관계에 대해 강조가 됩니다. 기도는 주님의 부재와 연관된 하나의 선물입니다. 기도는 그리스도의 부재를 극복하기 위해 그리스도께서 세우신 의사소통 방식입니다.

성금요일과 함께 예수님께서는 세상을 멀리 떠나 세상에서 부재하셨습니다. 우리는 그분의 "영적 현존"에 대해 서둘러 말함으로써 그분의 부재로 인한 공허함을 너무 빨리 채우지 않도록 주의해야 합니다. 예수님께서는 당신 말씀의 흔적을 남기시고 이 세상에서 당신을 지우셨습니다. 아니, 오히려 당신께서 지워졌다고 말하는 것이 더 나을 것입니다. 그리스도교 신앙은 스승 없이 펼쳐지는 삶을 살고 있습니다. 또한 그분의 현존에 대한 약속으로도 살고 있습니다. 당신의 승천이라는 떠남을 알리시면서 예수님은 제자들에게 "나는 너희를 고아로 버려두지 않고 너희에게 다시 오겠다"(요한 14,18)라고 말씀하셨습니다. 그리고 파라클레토스parakletos / παράκλητος

보호자 성령님의 중재를 통하여 예수님께서 당신 백성들 가운데 신비롭게 현존하게 될 것입니다.

신학적인 의미가 있는 이 역설에서 벗어나지 않도록 하는 것이 중요합니다. 부활 이후 그리스도께서 약속하신 현존은 부재자의 현존입니다. 다시 말해, 영적으로 현존하시는 분은 이미 세상에 아니 계시는 부재자이시며, 기도는 이 부재하시는 분에게 드리는 형식을 갖추고 있기에 그것이 핵심입니다. 주석학자인 크리스토프 젠프트Christophe Senft는 다음과 같이 결론을 내립니다.

예수님의 이름으로 기도하는 것은 나 자신에게 의지하는 것도, 나의 열정에 의지하는 것도 아니며, 더욱이 나의 신앙에 의지하는 것도 결코 아닙니다. 이제 이 세상에 부재하시되 언제나 현존하시는 분으로, 저의 타자로서 알게 하신 분에 의지하여 기도하는 것이며, 내가 살아갈 약속이 되시는 분께 의지하여 기도하는 것입니다.[8]

---

8   CHRISTOPHE SENFT, *Le courage de prier. La prière dans le Nouveau Testament*, du Moulin, Aubonne 1983, 38.

제2장

어떤 하느님께 기도하고 있는가

 나의 기도를 기도로 만드는 것은 내 뜻도, 내 말도, 내 몸짓도, 내 신앙의 강도도 아닙니다. 나의 기도를 기도로 만드는 것은 하느님께서 그것을 들어 주신다는 사실 때문입니다. 나의 이야기가 기도가 되는 것은 하느님에게 달려 있는 것이지, 나 자신에게 달려 있는 것이 아닙니다. 게다가 내가 올바른 문장으로 그 이야기를 만들 능력이 크지 않기도 합니다. 말하는 사람이 나 자신이 아니라, 내 말을 들어 주실 분께서 나를 말하는 사람으로 만드십니다. 모든 것은 기도의 최종 수신자에게 달렸습니다. 나의 말이 기도가 되는 것은, 내가 향하고자 하는 부재하신 하느님 때문이며, 그분께서는 그 기도를 경청하신다는 선물을 신비스럽게 나에게 주십니다.

 그럼 이런 질문을 할 필요가 있습니다. 내가 기도하는 이 하느님은 누구십니까? 어떤 하느님께 우리는 그리스도교 신자로서 그리스도교의 기도를 하는 것일까요?

너희의 아버지께서 아신다

주님의 기도 직전에 있는 산상 설교에서, 예수님께서는 권고를 하시는데 이는 완전히 당혹스러운 것입니다.

> 너희는 기도할 때에 다른 민족 사람들처럼 빈말을 되풀이하지 마라. 그들은 말을 많이 해야 들어 주시는 줄로 생각한다. 그러니 그들을 닮지 마라. 너희 아버지께서는 너희가 청하기도 전에 무엇이 필요한지 알고 계신다(마태 6,7-8).

하느님께서 "너희가 청하기도 전에 무엇이 필요한지 알고 계신다"고 말하는 것은, 기도의 모든 유용성을 다 망가뜨리는 것이 아니겠습니까? 그런데 아마도 이 구절에 선행하는 단어들이 가지는 역설적 의미를 이해하면 이 구절의 본의를 올바로 알아듣는데 도움이 될지도 모릅니다. 예수님께서는 '이교도'들의 반대 사례를 제시하셨습니다. 여기에는 히브리적 선민의식이 드러나는데, 세상의 여러 민족들 가운데 뽑힌 백성이라는 차이를 부각시킵니다. 그리고 그런 뽑힌 백성에게 선포하시는 말씀이라는 단일 지향성을 담고 있습니다. 이스라엘은 선민의식으로 인해 자신의 종교적 상상 속에서 길을 잃어버릴 위험이 있는데, 하느님에 대한 인식으로 이런 위험에서 보호를 받는 점을 누리게 됩니다. 이교도라는 특징이 확연히 구별되는 점은 그들이 기도 중에 계속해서 같은 말을 되풀이하는 점입니다. 우리가 인용한 이 마태오복음의 텍스트에서 사용된 그리스 어 동사는 아주 경멸적인 어조를 가지고 있습니다. 바톨로게인 $Βαττολογεῖν$이라는 동사인데, 이는 정확하게 우리가 장황하게 이야기하는 것과 매우 정확하게 일치합니다. 이러쿵저러쿵 수다를 털거나 옹알이를 하거나, 재잘거리거나 허풍을 떨면서 구워 삶으려는 모습입니다. 우물가 공론과 같은 그 사람의 말은, 청자를 설득하기 위해 말의 홍수를 쏟아 내면서 청자를 쓰러뜨릴 정도로 아주 강박적인 이야기입니다.

예수님께서는 고대 근동과 그리스-로마의 종교 예식에서 아주 장황한 기도에 열중하는 신자들을 염두에 두고 계십니다. 끝나지 않는 기도, 반복되는 의식, 끝없는 주문 등입니다. 오늘날 그리스도인 사이에서도 이와 같이 반복되고 있는 관습을 찾기가 그리 어렵지 않습니다. 끝없이 반복하면서 지칠 때까지 같은 요청을 외치고 있습니다. 이러한 현상에 대하여 예수님께서는 다음과 같은 분석을 제시하십니다. "그들이 늘어놓는 엄청난 말의 숫자 때문에 기도가 응답을 받을 것이라고 생각한다." 끝없이 반복하여 부르짖는 탄원 기도 그 자체가 오류나 실수가 아닙니다. 문제가 되는 것은 바로 하느님의 신성神性에 압력을 가하려는 의도입니다. 신자들은 하느님을 계속 괴롭힘으로써 하느님께서 결국 포기하실 것이라고 상상합니다. 마치 부모의 허리춤을 붙잡고 늘어지면서 원하는 장난감을 살 때까지 똑같이 애원하는 아이의 모습을 상상합니다. 이런 흐름에서, 하느님께서는 절대 능력자로 상정이 되어, 당신의 무관심의 껍질을 깨고 열정적으로 애원하는 아이에게 원하는 장난감을 나

뉘 주셔야 하는 분으로 간주됩니다. 다른 이들을 손가락질할 필요가 없습니다. 왜냐하면 기도하는 모든 사람은 이런 유혹을 받을 수 있기 때문입니다. 기도하는 모든 사람은 자기 자신의 청원이 꼭 응답을 얻기 위해서 하느님을 괴롭히려는 이런 유혹을 받고 있음을 다소 혹은 많이 식별할 수 있습니다. 누가 당신을 보고 24시간 내내 어른의 자아를 가졌다고 말했습니까? 사실, 이런 태도는 유아기적 퇴보의 전형입니다. 나는 전능하신 분께서 나와 같은 '작은 사람'에게 관심을 가져 주시길 간청합니다.

예수님께서는 이런 기대를 심하게 나무라시며 대답하십니다. "너희의 아버지께서는 너희가 청하기도 전에 무엇이 필요한지 알고 계신다." 이 말씀의 배경에서 우리는 전지하신 하느님의 개념을 짐작할 수 있습니다. 그분은 우리 마음의 숨은 비밀까지 알고 계십니다. 그래서 여러분들은 주님께 아무것도 가르쳐드리지 않아도 됩니다. 그럼 도대체 왜 청하는 것입니까? 그것은 청하는 바로 그 사람이 그분 앞에 있어야 하기 때문입니다. 그의 필요를 진심으로 아뢰고자 하기 때문입니다. 영적 갈망을 품은 남녀로서 간청하는 그들의 위치가 그분 앞에 있어야 하기 때문입니다. 다시는 자신을 모욕하지 말고, 당신 자녀들의 이야기를 경청하시고 자녀들의 선을 바라시는 분을 향해 얼굴을 되돌려야 합니다. 이는 절대자 하느님으로서, 백성들에게 무관심한 군주로서의 하느님에 대한 이미지로서 이런 이미지는 깨뜨려 버려야 합니다. 그런 이미지를 갖기 때문에 그런 절대자요 군주이신 하느님을 작정하고 괴롭히고자 결단한 자만이 그분을 알현할 수 있다고 생각하는 것입니다. 바로 이 메시지입니다. '하느님께서는 너희의 말을 듣지 않으실 것이다. 왜냐하면 그분께서는 신앙의 언어들로 간청하는 이들을 어리둥절하게 하시기 때문이다.' 그래서 그분께 얼굴을 돌리는 이들에게만은 응답하시기로 결정하셨기 때문입니다. 그분은 '여러분의 아버지'이시기 때문입니다. 아버지 하느님의 거룩함이라는 정체성은 기도하는 하느님의 자녀에게 존귀함을 부여하여, 이제는 더 이상 들어 달라고 생떼를 쓸 필요가 없는 존귀한 자녀로 만들어 주심으로써 그리스도인의 기도를 자유롭게 하셨습니다.

이렇게 하느님께 기도한다는 것은 무관심하고 무감각한 신에게 얼굴을 되돌리는 것이 아닙니다. 하느님께서는 나의 필요를 먼저 아시면서 나를 돌보신다는 사실을 확신하고 장담합니다.

뱀과 물고기

예수님께서는 다음의 주제에 대해 강조하십니다. '하느님께서는 당신 자녀들에게 좋은 것을 바라시는 아버지이시다.' 일상생활에서 나오는 교훈적 가르침들로 당신 말씀을 선포하시는 전형적인 방법을 써서 예수님께서는 당신의 대화 상대에게 다음과 같이 증언하도록 그들을 부르셨습니다.

너희 가운데 아들이 빵을 청하는데 돌을 줄 사람이 어

디 있겠느냐? 생선을 청하는데 뱀을 줄 사람이 어디 있겠느냐? 너희가 악해도 자녀들에게는 좋은 것을 줄 줄 알거든, 하늘에 계신 너희 아버지께서야 당신께 청하는 이들에게 좋은 것을 얼마나 더 많이 주시겠느냐?(마태 7,9-11)

예수님께서는 당신의 담화를 듣고 있는 이들이 가지는 부성적 정서를 일깨우십니다. 어떤 아버지가 그의 아들이 먹을 것을 요청할 때에 아들을 속이겠습니까? 어떤 아버지가 물고기 대신에 뱀을 건네 줄 만큼 아들을 속일까요? '말할 필요가 없는' 추론은 다음과 같이 이 주제에 대한 결론을 내립니다. 만약 너희가 그렇게 하지 않으면, 너희가 모범적인 아버지는 아니지만, 하느님조차도 사악한 사기꾼처럼 행동하실 것이라는 추론은 더욱 아니라는 점입니다. 얼마나 많은 자녀들이 자기들의 처지를 개선하기 위해 그분을 필요로 합니까? 하느님께서는 이를 아시고 긍정적인 대답을 내놓으십니다. 이 지상에 있는 어느 아버지처럼, 아니 그보다 더 나은 아버지의 모습으로 응답하십니다.

― 아, 그렇습니까? 누군가 제 어깨 너머로 계속 엿보는 이가 부르짖고 있습니다. 하느님께서는 항상 그에게 긍정적으로 응답하실까요? 응답 받지 않는 기도들은 어떻습니까?

― 당신은 아픈 곳을 찌를 줄 아는 사람입니다! 응답 받지 않은 기도들은 기도하는 이의 몸에 박힌 가시입니다. 그래도 그 가시를 내 몸에서 뽑지 않을 것입니다. 그리하여 몇몇 신학적 공식들도 버리지 않을 것입니다. 조금만 더 나에게 시간을 주십시오. 그리고 응답을 얻기 위해서는 여전히 거쳐야 할 시간이 필요하기 때문입니다. "너희 아버지께서는 청하는 이에게 좋은 것을 주실 것이다"라는 말씀을 들었습니다. 예수님께서는 말씀하지 않으십니다. '너희 머리에 떠오르는 그 모든 것을 주겠다.' 그렇다면 과연 "좋은 것"이란 무엇입니까? 이를 알아보기 위해, 제가 '길에서 어긋난 기도들'이라고 부르는 기도가 무엇인지 살펴봐야 합니다. 그리한 후에 모범적인 기도의 모델('좋은 것들'의 정점)에 도달하고자 '주님

의 기도'로 돌아올 것입니다. 저의 뒤를 인내로이 따라오시겠습니까?

가련한 이와 무뢰한

다음의 비유에서 기도는 하느님 앞에서 취해야 할 태도를 드러내는 장소입니다. 이 이야기에서 두 인물은 서로 대조가 되는데, 이 두 인물을 풍자하기까지 두 사람은 서로 반대되는 입장에 놓인 인물로 다뤄집니다. 이 본문에서 나타나는 잘못된 기도의 사례는 신약성경을 통틀어 가장 인상적인 것입니다.

두 사람이 기도하러 성전에 올라갔다. 한 사람은 바리사이였고 다른 사람은 세리였다. 바리사이는 꼿꼿이 서서 혼잣말로 이렇게 기도하였다. '오, 하느님! 제가 다른 사람들, 강도짓을 하는 자나 불의를 저지르는 자나 간음을 하는 자와 같지 않고 저 세리와도 같지 않으니, 하느님께 감사드립니다. 저는 일주일에 두 번 단식하고 모든 소득의 십일조를 바칩니다.' 그러나 세리는 멀찍이 서서 하늘을 향하여 눈을 들 엄두도 내지 못하고 가슴을 치며 말하였다. '오, 하느님! 이 죄인을 불쌍히 여겨 주십시오.' 내가 너희에게 말한다. 그 바리사이가 아니라 이 세리가 의롭게 되어 집으로 돌아갔다. 누구든지 자신을 높이는 이는 낮아지고 자신을 낮추는 이는 높아질 것이다(루카 18,10-14).

첫째 등장인물인 바리사이는 반대 모델로 활동합니다. 바리사이의 기도는 서두에 "저"라는 말로 시작하여 경건하고 공로를 자랑하기 위한 말들로 가득 찹니다. 자주 단식하였고, 십일조도 아주 꼼꼼하게 바쳤습니다. 하느님께 자기 자신의 모습에 대하여 하느님께 감사를 드립니다. 자기 자신은 결코 실수하거나 흠결이 있는 사람이 아니기 때문에 감사합니다. 하지만 그것은 즉시 다른 사람들보다 우월하다는 의식으로 모든 것을 해석합니다. 시편 26편에서도 아주 유사한 기도를 읽을 수 있습니다. 그러나 [가장 큰] 차이점은 시편에서는 다른 사람들을 깎아 내리는 어떤 비교도 하지 않는다는 점입니다. 그저 하느님 앞에 머물 기에 부당하다고 스스로 느끼면서 자기 죄에 대하여 깨닫는 그런 '나'로 드러나고 있습니다. 이렇게 의도적으로 도발적인 사람을 선택하는 것은 바리사이와 세리의 비유 이전에 나오는 루카 복음 10장의 비유(루카 10,25-37) 속에 나타난 사마리아인의 선택과 유사합니다. 세리들은 실제로 사람들로부터 평판이 좋지 않았습니다. 무엇보다도 바리사이들이 세리들을 가장 폄하하였습니다. 그들은 자신의 동족에게서 로마 행정이라는 명목 하에 세금을 징수하는 이들이었습니다. 세리들은 자기 주머니에 꽤 많은 이득을 보면서 세금을 걷고 있었습니다. 정리하자면, 이 본문에서 우리는 평판이 좋지 않은 한 중개자를 다루고 있습니다. 기도하는 두 인물에 대하여 소개한 후에, 비유의 화자는 다음과 같이 결론을 내립니다. "누구든지 자신을 높이는 사람은 낮아질 것이고, 자신을 낮추는 이는 높아질 것이다." 이 말은 하느님 나라에서 하느님에 의해 그렇게 되리라는 것을 암시하고 있습니다.

여기에서도 비유를 다음과 같이 도덕적 교훈으로 해석하지 않도록 합시다. "여러분은 겸손해져야하며 결코 여러분 스스로를 자랑해서는 안 됩니다." 이 점을 권고하는 것은 잘못이 아니지만, 예수님께서는 더 깊은 곳을 목표로 삼으십니다. 바리사이는 스스로의 경건함을 자랑스러워하는 것이 잘못된 점이라고 느끼지 않습니다. 세리들이 한계를 높이 잡는 것이 잘못된 것이 아니듯 말입니다. 둘째 인물인 세리가 첫째 인물인 바리사이와는 다르게 진솔하다는 점이 다른 사실로 등장합니다. 그만큼 세리는 자기 자신이 하느님 면전에서 아무 내세울 것 없이 무력하게 있다는 점을 의식하고 있습니다. 그리고 그저 자신의 기대와 갈망을 내비치면서 자신을 내보이고 있습니다. 반면에, 바리사이는 이중 실수를 범합니다. 마치 자기는 아무 도움도 필요하지 않은 사람처럼 가장하여 자신을 내보이면서, 다른 사람들과는 차별화된 자격을 얻기 위해 여러 신앙 행위들을 했다는 점을 드러내고 있습니다. 바리사이에게 있어 기도는 자기 정당화의 이유입니다. 그런 기도는 자신의 위세를 떨치려는 데 쓰이는 것이기에 어긋나고 빗나간 것입니다. 우월감과 자만심으로 부풀어 오른 바리사이의 기도는 하느님을 인질로 삼는 무뢰한의 기도입니다. 그러나 기도를 한다는 것은 자기 자신을 하느님 앞에 정위치시키는 것이며, 이는 자신 안에 타자이신 하느님의 자리를 마련하는 것입니다. 아니, 오히려 우리 자신과 다르신 타자이신 분께서 우리 안에 임하시게 하는 것입니다.

첫 번째 인물인 바리사이는 죄가 무엇인지 완벽하게 예시해 줍니다. 왜냐하면, 우리가 계속 반복해서 저지른다고 해서 죄가 먼저 하느님의 신성한 법칙을 침해하는 것은 아닙니다. 죄는 하느님의 은총 없이 혼자서 자신의 힘으로, 자신만의 틀과 법칙으로 살 수 있다고 믿는 것입니다. 사도 바오로는 거듭 반복하여 놓치지 않고 말하였습니다. 죄인은 하느님의 도움이 필요 없는 이처럼 사는 사람이라 말입니다. 그리고 자기 자아를 중심으로 그의 삶을 구축함으로써 스스로의 불행을 야기하는 사람입니다(로마 7,13-8,11).

그건 그렇고, 우리가 다루는 비유에 대하여 반유대적 해석을 피하도록 주의를 기울여야 한다는 점을 덧붙이고자 합니다. 이 비유 텍스트의 가치를 높이기 위해, 예수님께서는 풍자를 목적으로 하는 언어로 호소하십니다. 이는 신앙적 죄의 최고 정점을 보여 주시려는 까닭입니다. 기원후 4-5 세기에 살았던 초기 교부인 예로니모 성인은 유대인들의 기도를 마치 "돼지가 으르렁거리는 소리이며 당나귀가 거슬리는 소리로 우는 것(grunnitus suis et clamor asinorum)"[9]이라고 정의하곤 하였습니다. 하지만, 이 훌륭한 예로니모 성인도 실수하고는 하였습니다. 유대인들의 아름다운 몇 가지 기도를 우리는 잘 아는데, 그 가운데 가령 다음 '요셉과 아세네스(Joseph and Aseneth)'와 같이 자기 죄를 고백하는 기도가 있습니다. 이 기도는 예수님 시대에 쓰인 유다 소설입니다.

저는 죄를 지었습니다, 주님. 저는 죄를 지었습니다.

---

9   아모스 5,23 참조.

저는 죄악과 배은망덕을 행하였습니다. 당신 앞에 나쁜 말을 하였습니다.[…]
주님, 저를 구원하소서. 저는 비탄에 잠긴 몸이옵니다.[…]
주님, 제게는 당신 외에 다른 희망이 없습니다.
당신은 고아의 아버지시기에,
당신은 핍박 받는 이들의 보호자이시기에,
당신은 억압 받는 이들의 수호자이시기 때문입니다 (12,5.11.12).

세 가지 유혹

잘못된 기도의 또 다른 예는 바로 사막에서 예수님께서 받으신 유혹 이야기에서 찾아볼 수 있습니다(마태 4,1-11; 루카 4,1-13). 그런데 이 텍스트에서 어떻게 기도에 대하여 말할 수 있습니까? 첫 번째 등장한 악마가 이렇게 말합니다. "당신이 하느님의 아들이라면 이 돌들에게 빵이 되라고 해 보시오." 배고픔을 피하기 위해 유혹자는 예수님이 하느님께 말씀드리도록, 기도하도록 유도합니다. 유혹자가 보기에는 기도란 아드님이 아버지를 향해 드릴 수 있는 말이기 때문입니다. 그리고 계속해서 유혹자가 말합니다. 예수님께서 유혹자인 악마를 경배하면, 지상의 모든 왕국들을 모든 영광도 함께 예수님께 주겠다고 합니다. 마지막으로 유혹자가 말합니다. 하느님의 도우심을 믿고 성전 꼭대기에서 밑으로 몸을 던져 보라고 말입니다. 이런 삼중 유혹은 인간의 조건을 구성하는 것들, 곧 필요, 나약함, 죽을 운명이라는 점에서 회피하고 싶은 것들로 이뤄져 있습니다. "기본적으로 악마는 세 가지 다른 형상으로 인간 예수님에게 인간의 한계들을 벗어나고픈 욕구에 완전히 충실하도록 제안합니다."[10] 이런 삼중 유혹은 대단히 사악합니다. 왜냐하면 하느님 아버지 앞에 자녀인 이들의 환심을 교묘하게 사는 짓이기 때문입니다. 다시 말하면, 자신의 소유, 권력, 불멸을 아버지에게 주장하면서 자기 자신이 인간이라는

---

10 ANDRÉ WÉNIN, "*Satan ou l'adversaire de l'alliance*", Graphè 9, 2000, p. 41.

사실에서 도망가게 하는 짓이기 때문입니다.

　예수님께서는 거룩한 말씀을 언급하시며 말씀에 의지하심으로써 세 번이나 아들의 기도가 왜곡될 때마다 이를 거부하십니다. 이 유혹 이야기는 신명기에서 이미 나타난 것[11]과 비슷합니다. 아버지 하느님께 말씀드리는 것이 탈출구로 진입하는 것을 뜻하지 않습니다. 더욱이 자신의 인간적 조건에서 벗어나기 위해 말씀드리는 것은 더더욱 탈출구가 아닙니다. 그 반대로, 아버지께서는 당신 아들과 딸들을 향한 자비로운 시선 아래서 인간 본성을 살아가는 것을 의미합니다.

　잘못된 기도에 관해 위에서 다뤘던 세 가지 예시들은 다음의 역동들보다 앞서는 것입니다. 하느님을 자기 뜻대로 조종하려는 점을 봅시다. 이는 하느님께서 마치 그분을 괴롭혀야 확실하게 설득할 수 있는 그런 절대

11　신명기 8장 3절은 마태오 4장 4절과 유사하고, 신명기 6장 16절은 마태 4장 7절과 유사하고, 신명 6장 13절은 마태오 4장 10절과 유사하다.

군주라고 착각(이런 기도는 감언이설과 같음)하거나, 자기 주장을 내세우기 위하여 사용되었거나 어떤 힘이 필요한 것을 충족시키려고 사용되는 것(바리사이 풍자와 삼중 유혹 사화)입니다.

위와 같이 올바른 기도의 반대되는 모델들을 다루신 다음에, 예수님께서는 긍정적인 기도의 예를 보여 주십니다. 이는 단 하나의 형식만을 주시려는 것도 아니고 누군가로부터 승인을 받은 기도도 아닙니다. 그러나 우리들의 다양한 개인 기도들을 창작할 수 있는 그런 모델을 주십니다. 그것은 바로 주님의 기도입니다.

주님의 기도

신약성경 본문을 이해하려고 하다 보면 약간의 어려움이 따르기 마련입니다.

그러므로 너희는 이렇게 기도하여라.

'하늘에 계신 저희 아버지,
아버지의 이름을 거룩히 드러내시며,
아버지의 나라가 오게 하시며,
아버지의 뜻이 하늘에서와 같이
땅에서도 이루어지게 하소서.
오늘 저희에게 일용할 양식을 주시고
저희에게 잘못한 이를 저희도 용서하였듯이 저희 잘못을 용서하시고
저희를 유혹에 빠지지 않게 하시고 저희를 악에서 구하소서'(마태 6,9-13).

주님의 기도는 세 가지 다른 버전으로 우리에게 전해지고 있습니다. 하나의 짧은 버전(루카 11,2-4)과 두 가지 긴 버전(마태 6,9-13과 디다케 8,2)입니다. 디다케라고도 하고 열두 사도들의 가르침이라고 하는 책은 시리아 그리스도교에 대한 글로, 기원후 120년경에 기록된 것으로 추정됩니다. 그리고 디다케에 나타난 주님의 기도는 마태오 버전과 동일한 것입니다. 마지막에만 "당신께 권세

와 영광이 세세에 있나이다"라는 장엄한 마무리가 디다케 버전에 추가되었습니다. 이 덧붙임은 이 기도가 공동체 전례 목적으로 내부에서 사용되었다는 점을 증언하고 있습니다. "하루에 세 번 이렇게 기도하라"(디다케 8,3)라는 명령도 들어 있는 것이 확인되었습니다. 아주 일찍 교회는 주님의 기도를 채택했으며, 매일 세 번 유대인들의 기도처럼 암송하도록 하였습니다. 마태오 버전도 전례적 암송의 특징을 보여 줍니다. 이는 루카의 원시 버전과는 다릅니다.

아마도 루카는 예수님께서 제자들에게 이 기도를 가르치신 그 상황 그대로를 보존하려 했을 것입니다. "주님, 요한이 자기 제자들에게 가르쳐 준 것처럼, 저희에게도 기도하는 것을 가르쳐 주십시오"(루카 11,1). 당신 제자 그룹이 고유한 기도에 대하여 청하였을 때, 예수님께서는 이 텍스트로 응답하셨습니다. 몇 가지 언어적 특징들(특별히 그리스 어로 빚을 의미하는 오페일레마opheilema는 필자가 보기에는 잘못된 번역이라고 생각함)이 제일 처음에는 예수님께서 아람어로 말씀하셨다는 점을 증명하고 있습니다. 디다케는 2세기부터 아주 확실한 명성을 얻었는데, 이때부터 주님의 기도가 그리스도교 정체성의 상징이 되었습니다. 그것은 알렉산드리아의 키릴루스Cyrillus 교부가 증언하듯이, 늦어도 4세기 후반 매우 빠르게 성찬의 전례에 도입되었습니다.

유대인의 기도

예수님께서 열두 사도들을 향해 기도를 가르쳐 주셨기 때문에, 그분 안에 있는 매우 유대적인 특징들에 대해 놀랄 필요가 전혀 없습니다. 1세기 유대인들의 의식 기도인 카디쉬Kaddish는 주님의 기도처럼 세 부분, 곧 하느님의 이름, 그분의 뜻, 그분의 나라로 분할해서 동일하게 전해주고 있습니다. 유대인 학자인 샬롬 벤 코린Shalom Ben-Chorin은 다음과 같이 말할 수 있었습니다. "예수께서 자기 제자들에게 가르친 기도는 처음부터 끝까지 유대인의 기도입니다."[12]

벤 코린의 관찰은 정확합니다. 주님의 기도에 나타난 주제들과 어조에 관해서는 그가 말한 것이 사실입니다. 주님의 기도는 유대교와 그리스도교 간에 아주 강한 연속성이 있다는 점을 보여 주고 있습니다. 슬프게도, 그리스도인들은 지난 수세기 동안 유대인들에 대한 증오를 동시에 키워가면서 주님의 기도를 암송할 수 있었습니다. 그럼에도 불구하고 이 기도를 가까이서 잘 읽어 보면, 다음의 세 가지 특징을 알아차릴 수 있습니다.

첫째로, 절제된 표현입니다. 하느님께서 아람어의 '아빠'에 해당되는 "아버지"로 굉장히 풍부한 정감을 축약형으로 표현한 것입니다. 이 호칭은 대개 아버지나 랍비에게 적용되던 호칭입니다. 앞서 말한 것과는 반대로, 유대인들도 이 호칭을 사용한 것은 사실입니다. 그러나 함부

---

12 SHALOM BEN CHORIN, *Mon frère Jésus*, Paris, Seuil, 1983 p. 104.

로 발음할 수 없는 하느님의 거룩하신 이름을 장엄한 의미를 담아서 이렇게 곁에서 부르는 것을 유대인들도 선호하곤 했습니다. 카디쉬를 예를 들면 이렇게 말합니다.

> 거룩하신 분의 이름은
> 축복을 받으시고 찬미받으시며,
> 영광받으시고 드높임을 받으시며
> 고귀함을 받으시고 존경받으시며,
> 찬미 찬양을 받으소서.
> 거룩하신 분이시여!

"아버지"께 부자지간 감출 것이 전혀 없는 관계로 말씀드리듯이, 예수님의 기도에서는 이런 과장스러운 형식의 기도는 찾아 볼 수 없습니다.

둘째로, 민족주의적 측면이 어디를 봐도 없다는 것입니다. 카디쉬에 보면, "지극히 높은 곳에 평화를 만드신 분께서 우리와 모든 이스라엘 땅에 평화를 만드신다"라고 합니다. 예수님으로부터는 세상 끝날까지 이스라엘의 재건에 관한 그 어떤 언급도 찾아볼 수 없습니다. 예수님의 기도는 보편적 개방의 정신에 영감을 받은 기도입니다. 기도를 받으시는 하느님께서는 각 사람과 모든 사람의 아버지이시며, 어떤 차별도 없으신 분이십니다.

셋째로, 예수님의 기도에는 두 얼굴이 있습니다. 십계명(탈출 20장; 신명 5장)처럼 예수님의 기도도 두 판으로 이뤄져 있습니다. 하느님에 관하여 말하다가, 곧바로 이어서 인간들에 관하여, 그리고 그들의 필요에 관하여 말합니다. "당신 뜻대로 이루어지소서"라는 청원은 "하늘에서와 같이 땅에서도"라는 양자 사이를 연결 고리처럼 연결해 줍니다.

무엇보다도 하느님 먼저

하느님 이름, 하느님 나라, 하느님 뜻이라는 주님의

기도 속 첫 세 청원은 모두 하느님께 중심을 두고 있습니다. 먼저 "하늘에 계신 우리 아버지"라는 표현의 범위와 방향을 파악해 봐야 합니다. 이 말은 실제로 그저 기도를 시작하기 위한 단순한 형식이거나, 기도문을 끝내기 위해서 쓰는 그런 단순한 형식이 아닙니다. 이는 단순히 누가 기도 수령자인지를 공개할 뿐만 아니라 그분 정체가 분명한 틀(초월적인 아버지로서의 하느님)을 갖추게 합니다. 뿐만 아니라 그분께 기도하는 이의 정체도 분명한 틀(그분의 아들딸이라는 자격을 갖춘 이들)을 갖추게 합니다. 다른 말로 하자면, 예수님의 기도는 우리가 그분의 자녀라는 조건을 갖추는 방향으로 인도합니다. 게다가 우리에게 다음과 같은 가르침을 줍니다. 어떤 분이 우리를 위한 하느님이 되실 수 있는지, 그리고 하느님의 자녀라는 것이 무슨 의미인지 묻도록 가르칩니다. 이를 질문형 문장으로 바꾸면 이렇습니다. 어떻게 하느님께서 아버지이시며, 어떤 방식으로 우리가 그분의 자녀인가? 이 의문에 대한 답은 다음의 이어지는 여섯 가지 질문을 통해 도출됩니다.

이 기도 첫 줄에 드러나는 또 다른 측면이 있는데, 이는 소유형용사와 연관이 되어 있습니다. 바로 '우리' 아버지라는 호칭입니다. 하느님의 아들딸들은 그만큼 각자가 교회가 되어 살아간다는 동일한 자격을 공유합니다. 아버지 앞에서 아들이라는 지위를 갖고 선다는 것은, 그가 형제자매들을 갖는다는 점을 발견합니다. 예수 그리스도의 하느님께 기도한다는 것은 황량한 사막에 고립되어서 나의 개인적인 탄원들을 외치며 살게 하지 않습니다. 그 대신에 나를 기도 행렬을 따라가게 하고, 그들과 가족이 되게 합니다. 하느님께 기도한다는 것은 나의 고독함을 뛰어넘게 합니다.

기원후 1세기에 바쳤던 히브리 기도문 중 하나인 주님의 기도 속 "당신의 나라가 오소서"라는 청원은 전혀 놀랍지 않은 표현입니다. 당시 온 이스라엘은 그들을 온갖 모욕과 죄악에서 해방시켜 주고자 오시는 하느님의 재림을 간절히 기다리고 있습니다. 예수님께서 이렇게 기도를 만드실 때 그분 만의 독창성은 바로 하느님 나라가 그리 멀리 있지 않고 가까이 있음을 열망하신 점입니다. 그분의 언어와 그분 치유 기적들과 그분이 사람들에게 보여 주신 적극적인 열정과 연민들, 그리고 하느님 나라의 표징들이 이미 우리에게 현존하기에 그런 태도를 취하십니다.

그분의 이름이 거룩하게 된다는 것은 그 이름이 하느님 만의 고유한 정체성을 드러내는 이름으로 세상에 알려지고, 흠숭과 공경을 받으시기를 바란다는 의미입니다. TOB[13] 성경은 "당신께서 바로 하느님 그 자체이심을 모든 사람이 알게 하소서"하고 잘 번역하고 있습니다. 여기서 제가 하나 덧붙이고자 하는데, 이 청원의 의미는 "당신을 아버지로 알게 하소서"라는 뜻입니다. 자, 누가 그러면 하느님의 이름을 거룩하게 할 수 있을까요? 하느님 스스로일까, 아니면 사람들일까요? 구약성경에서는 그 답이 두 가지입니다. 탈출기에서 하느

---

13 역주: 프랑스어 Traduction Oecuménique de la Bible의 약자로 프랑스 어권에서 가톨릭-개신교 교회일치적인 성경번역본을 의미한다. 한국의 공동번역성서와 같은 그리스도교 교회 일치적 맥락의 성경 번역본이며, TOB를 한국천주교주교회의에서도 현대판 성경 번역 시 참조하고 있다.

님께서는 당신의 이름을 스스로 거룩하게 하십니다. 곧, 당신이 누구신지를 당신께서 행하신 그 위대한 해방 행위를 통해서 알게 하십니다. 반면에, 레위기 22장 32절을 읽어 봅시다. "나의 거룩함이 이스라엘 자손들 가운데에 드러나도록, 너희는 나의 거룩한 이름을 더럽혀서는 안 된다. 나는 너희를 거룩하게 하는 주님이다." 고대 이스라엘 기도문을 면밀하게 살펴보면, 믿는 이들이 신성한 이름을 거룩하게 하는 책무에서 결코 면제되지 않는다는 결론에 도달하게 합니다. 믿는 이들의 책무를 수행하도록 합니다. 결론적으로, 하느님 나라가 임하도록 하시는 분은 하느님이시며, 당신 이름을 거룩하게 하시는 분도 하느님이십니다. 하지만 기도하는 이는 압니다. 하느님께서 그대로 하시길 바라면서도 하느님의 이런 요청이 실현되려 할 때에 기도하는 이 스스로가 동참하지 않으면 그분에 대한 모든 신뢰를 잃을 것입니다. 동참하고자 하는 갈망을 드러내면서, 자기 자신에게 발생하는 일에 마음을 열고, 하느님께서 이루시는 바에 기여하고자 언제나 쓰임받을 준비가 되어 있어야 합니다.

세 번째 요청은 동일한 질문을 제기하지만, 그 해답은 더욱 단순합니다. 누가 거룩한 뜻을 실현할 책무를 지는 것일까요? 사람들의 마음에 혹은 믿는 이들의 마음속에 그런 책임감을 심어 주신 하느님께서 그럴까요? 그래서 결국 사람들을 선한 길로 끝까지 인도하시려는 책임을 맡으셔서 그럴까요? 마태오 복음은 오직 하느님만이 거룩하신 뜻을 이룰 수 있다는 아이디어에 대하여 알지 못합니다. "너희는 먼저 하느님의 나라와 그분의 의로움을 찾아라. 그러면 이 모든 것도 곁들여 받게 될 것이다"(마태 6,33). 윤리적 차원, 곧 인간의 의지에 대한 부르심은 계속해서 마태오 복음의 거룩한 뜻에 대한 담화들 속에 존재합니다. "하늘에서와 같이 땅에서도"라는 구절은 이렇게 읽고 이해하는 것이라는 점을 밝혀줍니다. 하느님께 그분의 뜻이 이루어 지도록 요청하지만, 거기에 "땅에서도"라는 표현을 덧붙입니다. 하늘과는 다르게 지상에서 거룩하신 뜻이 이루어지려면 인간의 참여가 요청된다는 점을 알기에 이런 표현이 첨가된 것입니다.

이상의 첫 세 가지 청원이 끝나면, 제가 서두에서 언급한 "하늘에 계신 우리 아버지"에 대한 역동성이 확인이 됩니다. 이런 요청들은 단지 하느님께서는 이 지상 세계에서 아버지가 되실 것이라는 사실만을 특정하지 않고, 동시에 기도하는 이가 자신이 간청한 바의 핵심에 스스로 참여해야 하는 자신의 자리를 보여 줍니다. 예수님의 기도는 우리 자리가 바로 하느님의 거룩한 갈망과 인간의 욕망이 교차하는 십자가 속에 있다는 점을 보여 줍니다. 우리가 매일 찡그리며 살아가는 속에 거룩하신 분의 존엄이 새겨지고 있습니다. 그 짜증스러운 일상에서 아버지의 뜻이 이루어질 수 있습니다. 이어지는 다음 세 가지 청원은 바로 우리의 일그러진 일상 속에서 아버지의 뜻이 이루어지는 점을 강조합니다.

빵을 청하기

빵을 청하는 단순한 요구는 어휘에 대한 큰 문제를

제기합니다. 실제로 형용사 에피우시오스Epiousios는 일반적으로는 "매일" 또는 "오늘의"라고 번역되는데, 이는 그리스어에서 매우 드뭅니다. 실은 그리스어에서는 이런 경우는 알려지지 않았습니다. 코이네Koinè로 알려진 1세기 그리스어로 된 파피루스에서 이런 표현이 등장하였지만 곧 삭제된 경우를 제외하고는 매우 드문 경우입니다. 그럼 에피우시오스Epiousios는 무엇을 뜻할까요? 이 수수께끼에 대하여 오랫동안 탐구하려는 물결이 교부들로부터 시작되어 일어났는데, 교부들이 바라보고 제안하였던 바에 따르면 다음과 같은 해석들을 제시할 수 있습니다. '살아가는데 있어 불가결한 것'(시리아 어로 이해하면 이 뜻임), '본성의 초월'(라틴 어로 번역하면 이 뜻임, 이는 천상의 성체를 언급하면 이 뜻이 된다는 뜻), '오늘'(여기서는 '하루'라는 말이 후에 덧붙여진 말이라고 이해할 경우에 해당됨), '내일'(하늘나라의 빵과 연관되어 의미할 때 이 뜻임). 어떤 교부들은 첫째를 선택하였고, 어떤 교부들은 둘째를 혹은 넷째를 적합한 해석으로 선택하였습니다. 그러나 넷째는 "내일을 걱정하지 마라"는 마태 6,34의 말씀과 모순됩니다.

세 번째 의미(오늘을 위한 빵)가 가장 일반적이 되었지만, 그럼에도 불구하고 문헌학적으로 보자면 가장 확실하지 않으며, 루카 복음 저자도 그렇게 이해하지 못했습니다. 그래서 다음을 덧붙입니다. "날마다 저희에게 일용할 양식을 주시고"(루카 11,3). 그럼 왜 이렇게 배치하였을까요? 의심의 여지없이 신학적인 압박이 강했습니다. 이런 요구는 사막의 만나를 연상시키려는 흐름에서 읽혔기 때문입니다. 이스라엘 사람들이 하느님으로부터 "날마다 나가서 그날 먹을 만큼" 양식을 얻곤 했기 때문입니다. 이런 예형론적 해석[14]은 흥미로우며, 그 의미는 우리가 하느님께 오늘 우리의 빵을 간청할 때의 현재성을 되살리는데 그렇게 현재화할 가치가 있습니다. 그렇지만, 이런 해석이 '에피우시오스Epiousios'라는 이상한 형용사를 이렇게 문제가 될 정도로 선택한 연유를 뼛속까지 명쾌하게 설명해 주는 그런 수준은 아닙니다.

결론을 내리자면, 유일하게 가능한 답은 아니지만 비

---

14 역주: 예형론豫型論은 영어로는 Typology라고 하여, 구약 사건이 신약 사건의 전주곡이라고 해석하는 성경 해석 방식을 말한다.

교적 더 합리적인 해법은, 바로 에피우시오스라는 형용사를 그리스어에서 더 많이 사용된 뜻과 연결시키는 방안이 될 것입니다. 그것은 필수불가결한 빵, 우리 생존에 필요한 빵, 그래서 우리가 필요로 하는 바로 그 빵입니다. 이런 이해가 예수님께서 다음의 말씀처럼 걱정에 대한 권고를 우리에게 주시는 것과 같은 맥락에서 보기 때문입니다. "그러므로 내가 너희에게 말한다. 목숨을 부지하려고 무엇을 먹을까, 무엇을 마실까, 또 몸을 보호하려고 무엇을 입을까 걱정하지 마라. 목숨이 음식보다 소중하고 몸이 옷보다 소중하지 않으냐?"(마태 6,25). 곧이어 하늘의 새들과 들의 백합과의 비교가 나옵니다. 하늘에 계신 아버지께서는 내일을 대비하기 위해 의복을 만들거나 재물을 축적할 필요없이 그렇게 돌보십니다. 걱정에 대한 권고의 가르침은 빵의 간청에 대한 탁월한 주석으로 마무리가 됩니다.

> 그러므로 너희는 '무엇을 먹을까?', '무엇을 마실까?', '무엇을 차려입을까?' 하며 걱정하지 마라. 이런 것들은

모두 다른 민족들이 애써 찾는 것이다. 하늘의 너희 아버지께서는 이 모든 것이 너희에게 필요함을 아신다. 너희는 먼저 하느님의 나라와 그분의 의로움을 찾아라. 그러면 이 모든 것들도 곁들여 받게 될 것이다. 그러므로 내일을 걱정하지 마라. 내일 걱정은 내일이 할 것이다. 그날 고생은 그날로 충분하다(마태 6,31-34).

우리는 순전히 물과 공기만으로 살아가지 않습니다. 하느님 아버지께서는 우리가 "이 모든 것들"이 필요하다는 것을 아십니다. 이것이 예수님께서는 살아가는데 필수불가결한 빵을 꼭 청하라고 권하신 이유입니다. 예비금도 생명 보험도 아니지만, 오늘 우리에게 필요한 빵입니다. 미래는 은총의 하느님께 맡길 수 있습니다.

기도가 "우리"라는 형용사에 기울어진다는 점을 강조할 필요가 아마도 있지 않을까요? 이는 단지 나만을 위한 빵일 뿐만 아니라 '우리'에게 필요한 빵을 위해 간청하는 것입니다. 부와 빈곤의 불균형에 대한 우려와 사람 사이에 더 나은 나눔의 희망에 대한 표현이 빵의 청원에서 나타납니다.

악에 맞서서

주님의 기도 마지막 두 개의 청원은 우리들의 삶 속에 있는 악의 권능에 대면하게(다시 말하자면, 악 그 자체에 대하여) 합니다. 우선, 여기서 말하는 악은 하느님을 향하든 다른 사람을 향하든, 우리가 서로 용서하지 못해 상처를 입은 관계로부터 오는, 해결되지 않은 갈등으로부터 오는, 아직 풀리지 않은 분열과 대립으로부터 오는 악한 생각을 말합니다. 이렇게 종종 "상처"로 번역되는 그리스어 원어가 오페일레마Opheilema입니다. 이 단어는 주로 "빚, 채무"를 뜻합니다. 비유적으로, 그것은 우리가 하느님이나 누군가에 대해 저지른 잘못에 관한 것입니다. "우리에게 상처를 준 이들을 용서하였듯이 우리 상처를 용서하시고" 하느님께 간청하는 것은 "우리도 그렇듯이" 잘못하고 넘어진다는 사실로 이어집니다. 마치 하느님께 우리가 이렇게 말한 것처럼 이 비교 결과를 뒤바꿔서는 안 됩니다. '우리가 악에 대해 용서하니까 우리보다 더 많이 용서하지 마소서.' 여기서 등장하는 것은 바로 상호주의 원칙입니다. 무자비한 종의 비유도 이와 같은 상호주의 원칙에 근간을 두고 있습니다. 앞서 우리가 살펴본 바와 같이, '용서받은 자'로 산다는 것은 자연스럽게 우리 때가 오면 '용서하는 자'가 된다는 것입니다.

내 취향에 맞게 너무 쉽게 청합니다. 내 어깨 너머로 들려오는 음성을 거부합니다. 그 청원이 주는 죄책감의 무게를 바로 이해하실 수 있나요? "우리도 마찬가지"라는 말이 가끔 내 목에 걸리지는 않나요? 저만 그런 것이라고 생각하지 않습니다. 이런 생각에까지 빠질 필요가 있을까요?

저도 이해합니다. 그리고 저도 이 "우리도 마찬가지"라는 생각을 소화하기가 힘들다는 점을 인정합니다. 하지만 이런 생각이 나를 방해하지만 그래도 필요하다고 봅니다. 어떻게 이 청원이 이뤄졌는지를 주의 깊이 살펴본다면, 하느님의 용서가 먼저 나오고 그 다음에야 나의 용서가 나옵니다. 기도는 내가 용서해야 할 차례가 왔을 때 용서할 수 있는 가능성의 유일한 근원, 곧 하느님의 용서를 구하고 이끄는 길에 도달하게 합니다. 오직 내가 용서를 받았다는 점을 완전히 인식함으로써 다른 이들에게 완전한 화해를 제공할 수 있을 것입니다. 이것이 다른 사람들과의 관계에서 받은 상처들을 소독하는 역할을 합니다.

마지막 청원은 더 직접적으로 우리가 악에 맞서도록 합니다. "우리가 유혹에 들어서지 않게 하시고, 악에서(사악한 이에게서) 구하소서." 악과 사악한 이는 동격에 해당됩니다. 왜냐하면 성경의 개념에서 악은 추상적 개념이 아닙니다. 그것은 하느님과의 관계에서나 다른 사람들과의 관계에서 작용하는 적대적인 힘이라고 특정되어서 말합니다. 유대인들의 신앙에서는 항상 이를 주로 사탄 혹은 악마라고 부르면서 더 구체적으로 의인화 시킵니다. 오늘날 우리가 사탄이 갈라진 꼬리를 가진 녹색 악마라는 점을 더 이상 믿지 않는다고 해서, 의인화 과정을 이끌어 낸 그 직관을 버려야 한다는 의미는 아닙니다. 악은 개인들을 소외시켜 그들의 자기 합리성을 강요하며, 그리하여 그들을 자기 마음대로 조작하는 초인적 힘입니다. 20세기를 피로 물들인 이 야만적 살인 이데올로기들과 21세기 초반 야만적인 태도들을 조장하는 것은 우리에게 악의 현존에 대해 극적인 확신을 제공하고 있습니다.

"유혹"이라는 단어는 무엇을 의미합니까? 여기서는 일상에서 겪는 작은 유혹(과자점 창가에 붙어서 탐욕스런 시선으로 과자를 바라보는 유혹)들을 말하지 않습니다. 그것은 하느님과 우리 삶에 대한 신뢰마저 잃어버리게 만들 정도로 그렇게 중대한 유혹들을 말합니다. 유혹은 하느님 그분 자체에 대하여 절망하며 하느님을 저버리는 것이 포함되어 있습니다. 여러 가지 부정적인 상황(실패, 이혼, 사별, 파

산)이 여기에 해당됩니다. 이런 상황들은 우리가 하느님께 향하는 나침반마저도 잃어버리게 만들 수 있습니다. 그러므로 우리는 하느님께 회복 탄력성을 청합시다. 우리가 확실히 하느님으로부터 사랑을 받는다는 그 의식으로 되돌아올 수 있도록 청합시다. 이런 회복 탄력성이 다시 출발할 수 있는 단단한 토대가 되어 줍니다. 그런데 왜 "우리가 유혹에 들어서지 않게 하소서" 하고 청하는 것일까요? 아마도 하느님께서는 이런 의도를 지니시는 것이 아닐까요? 그리스어 동사 에이스페레인eispherein의 뜻은 매우 명확합니다. '옮기다'는 뜻의 페레인pherein과 '안으로'를 뜻하는 에이스eis의 합성어인데, 곧 "안내하다", "인도하다"라는 뜻입니다. 그리스도교 교파 일치 운동 버전의 주님의 기도에서는 이를 아주 달콤하게 다음과 같이 번역합니다. "우리가 유혹에 지배당하지 않게 하소서." 그렇지만 그리스어 동사 에이스페레인은 더 많은 뜻을 말합니다. 하느님께서 믿는 이들의 삶을 직접 이끄신다는 생각을 바탕에 두고 계속 이야기해 봅시다. 그럼 이 청원은 이렇게 됩니다. 당신이 이끄시는 우리의 삶이 유혹이 될 시험으로 인하여 좌초되지 않게 해 달라고, 우리의 생명과 영혼 모두 잃어버릴 수 있는 시험으로 인해 실패하지 않게 해 달라는 청원입니다. 다시 말하면 이렇습니다. 우리가 시험 중에 있을 때 우리를 잘 돌보시어 우리가 다시 일어설 수 있도록 인도해 주시라는 청원입니다.

다시 풀어 써 보는 주님의 기도문

결론적으로, 저는 예수님의 기도에 주석을 가미한 이 버전을 제안하고자 합니다.

제가 하늘에 계신 우리 아버지로 고백하는 하느님,
아버지의 이름이 인정받고 영광받으시기를 형제자매들과 함께 기도하나이다.
당신의 나라가 오기를(이미 지금 왔기를) 기도하오니,
당신의 뜻이 명백하게 사람들을 통하여 드러나기를 기도하나이다.

하늘에서와 같이 사람들 사이에서.

오늘 우리 모두에게서 없어서는 안될 빵을 주소서.

우리도 우리에게 잘못한 사람들을 용서하였듯이 우리 잘못을 용서하시고

유혹으로 바뀔 시련으로 우리를 인도하지 마소서.

다만, 우리를 악의 세력으로부터 떼어 내소서.

(이는 여러 차례 부인했음에도 불구하고, 우리가 믿는 그런 신들, 스승들, 구원자들이 아니라, 결국 권위와 권능과 영광이 하느님 당신께 속한다는 점을 제가 믿고자 하기 때문이니이다. 오늘과 내일과 저의 죽음 이후에도 영원히. 아멘)

제3장

기도가 응답을 받으려면

 이제 우리는 까다로운 질문을 마주해야 합니다. 그것은 바로 '하느님께서는 어떻게 기도에 응답해 주시는가?' 입니다. 저는 기도에 대한 여러 책들을 읽었습니다. 그 책에서 어떤 질문도 본질적이지 않다면 기도할 때 두지 말라는 권고를 읽었습니다. 설령 그렇게 질문을 두지 않아야 한다 하더라도, 질문에 침묵하는 것은 아무 쓸모가 없다고 생각됩니다. 왜냐하면 질문하고자 하는 바를 억지로 참고 수수께끼로 간직하는 것은 고통스러울 수 있기 때문입니다. 그러나 저는 분명히 경고합니다. 독자는 어떤 문제를 해결할 수 있는 수학 공식을 결코 질문을 통해 찾지 못할 것입니다. 그렇지만 조금이라도 진전을 이룰 수 있기를 희망합니다.

 신약성경을 읽는 사람은 이런 말을 접하게 될 때에

놀랄 수 없습니다. "너희가 기도하며 청하는 것이 무엇이든 그것을 이미 받은 줄로 믿어라. 그러면 너희에게 그대로 이루어질 것이다"(마르 11,24). 여기서 눈에 띄는 것은 기도의 청허聽許에 대한 진술이 아니라, "너희가 기도하며 청하는 것이 무엇이든"이라는 단호하고 절대적이며 무조건적인 기도 스타일입니다. 마르코 복음만이 아닙니다. 마태오 복음에 나오는 예수님의 말씀은 다음과 같습니다. "너희가 믿음을 가지고 의심하지 않으면, 이 무화과나무에 일어난 일을 할 수 있을 뿐만 아니라, 이 산더러 '들려서 저 바다에 빠져라' 하여도 그대로 이루어 질 것이다"(마태 21,21). 루카 복음은 이러합니다. "청하여라, 너희에게 주실 것이다. 찾아라, 너희가 얻을 것이다. 문을 두드려라, 너희에게 열릴 것이다"(루카 11,9). "끊임없이 기도하십시오"(1테살 5,17)라는 사도 바오로의 권고에, 야고보서가 대답을 합니다. "여러분 가운데에 고통을 겪는 사람이 있습니까? 그런 사람은 기도하십시오 […] 그러면 믿음의 기도가 그 아픈 사람을 구원하고, 주님께서는 그를 일으켜 주실 것입니다. 또 그가 죄를 지었으면 용서를 받을 것입니다"(야고 5,13.15).

신약성경 전체는 한 나자렛 사람이 지녔던 이 강렬한 신념에 공감합니다. 기도하는 이에게 하느님께서 응답하신다는 신념입니다. 아주 초기에 예수님이라는 절대적 긍정의 인물이 작지 않은 망설임을 야기시켰습니다. 이미 복음서들이 초기 그리스도인들이 했던 신학적 묵상, 곧 언제 그들의 기도가 응답받지 못했는지 그들 체험으로부터 시작된 묵상에 대해 증언합니다. 마태오가 마르 11,24의 선언을 다시 쓸 때, 자신만의 버전으로 다음과 같이 기록합니다. "너희가 기도할 때에 믿고(문자적 의미로 신뢰하면서) 청하는 것은 무엇이든지 다 받을 것이다"(마태 21,22). 그리고 요한 복음서의 그리스도께서는 이렇게 말씀하십니다. "내가 진실로 진실로 너희에게 말한다. 너희가 내 이름으로 아버지께 청하는 것은 무엇이든지 그분께서 너희에게 주실 것이다"(요한 16,23). "신뢰하면서"와 "내 이름으로"라는 이 두 가지 삽입된 문구는 기도가 응답을 받기 위한 조건들을 정확하게 명시하고 싶은 의지를 증명합니다. 나중에 이에 대해서 다시 이야기하도록 하겠습니다. 지금 우리가 주목할 것은 처음에 낸 이 수수께끼에 계속 머무르는 것입니다. 이런 삽입구들이 무엇을 뜻하는 것일까요? 만약 기도가 응답을 받지 못하면, 그것이 나의 부족한 믿음에 달린 문제인 것일까요? 아, 일부 아름다운 영혼들은 그런 믿음의 부족을 우리에게 보여 주기 위해 스스로 믿음 부족에 대한 책임을 집니다.

약함의 힘

루카 복음사가는 "기도의 전도사"라는 별명이 붙을 정도로 기도의 중요성에 대해 주장하였습니다. 예수님께서 말씀하신 가난한 과부와 부패한 재판관의 비유를 주인공들의 관점으로 우리에게 이야기해 주는 인물이 바로 루카입니다. 이 비유가 우리에게 기도에 대한 가르침을 주고 있는 것일까요? 놀랍게도 그렇습니다.

어떤 고을에 하느님도 두려워하지 않고 사람도 대수롭

지 않게 여기는 한 재판관이 있었다. 또 그 고을에는 과부가 한 사람 있었는데 그는 줄곧 그 재판관에게 가서, '저와 저의 적대자 사이에 올바른 판결을 내려 주십시오.' 하고 졸랐다. 재판관은 한동안 들어주려고 하지 않다가 마침내 속으로 말하였다. '나는 하느님도 두려워하지 않고 사람도 대수롭지 않게 여기지만, 저 과부가 나를 이토록 귀찮게 하니 그에게는 올바른 판결을 내려 주어야겠다. 그렇게 하지 않으면 끝까지 찾아와서 나를 괴롭힐 것이다.'" 주님께서 다시 이르셨다. "이 불의한 재판관이 하는 말을 새겨들어라. 하느님께서 당신께 선택된 이들이 밤낮으로 부르짖는데 그들에게 올바른 판결을 내려 주지 않으신 채, 그들을 두고 미적거리시겠느냐? 내가 너희에게 말한다. 하느님께서는 그들에게 지체 없이 올바른 판결을 내려 주실 것이다. 그러나 사람의 아들이 올 때에 이 세상에서 믿음을 찾아 볼 수 있겠느냐?(루카 18,2-8).

이 재판관의 초상화는 날것 그대로입니다. 재판관은 피해를 입어 법적인 보호를 요청하는 한 과부에게 올바른 판결을 내려 주기를 거부합니다. 그 재판관은 하느님도, 악마도 두려워하지 않습니다. 그의 양심과 직업 윤리는 '제로' 수준입니다. 재판관이 과부의 부르짖음에 대해 갖는 무관심은 특히 심각하다는 점을 정확히 짚을 필요가 있습니다. 고대 이스라엘 사회에서 과부들은 겨우 자신들의 생존을 요구하는 상태로 살아갑니다. 자기 자신이 의지할 한 남자도 없기에, 과부들이 사회적 취약성의 최대 표상입니다. 하지만, 마지막에는 이 재판관은 자신을 미치게끔 괴롭히는 과부의 끈질긴 요구에 피로를 느낀 나머지 판결을 내릴 결심을 합니다. 그런데 이런 냉소적인 재판관의 모습이 우리로 하여금 하느님을 생각하게 합니까?

불의한 재판관이 마침내 처리했다 해서가 아니라, 그 앞에서 벌인 과부의 행동이 중요합니다. 왜냐하면 이 여인은 사회적으로 보자면 아무것도 아닌 사람이지만, 자신이 요청할 힘을 지니고 있음을 깨달았습니다. 아무런 응답이 없다면 그녀가 낙담하게 될 것이라는 생각없이 청할 힘이 있었습니다. 설령 모든 것들이 그녀를 반대하기 위해 움직이고 있다고 하더라도, 어떤 포기와 체념으로부터 승리할 것이라는 점을 놓치지 마십시오. 이 과부는 저로 하여금 아르헨티나의 5월 광장의 어머니회 Madres de Plaza de Mayo[15]를 떠올리게 합니다. 그들은 끝내 정의가 이루어지기 위해, 날마다 군사 정권에 의해 고문당하고 살해된 자신의 자녀들의 이름으로 시위를 이어갔던 여인들입니다. 시민의 어머니들은 어떤 정당을 대표하지도 않으며 아무것도 없었지만, 오로지 자신의 고통과 비분강개로부터 나오는 힘만 지녔던 것입니다. 비유 이야기의 그 과부처럼, 5월의 어머니들도 그때부터 계속 저항하였습니다. 마침내는 어머니들이 승리를 거뒀습니다. 어머니들의 약함이 강함이 되었습니다.

약함의 원리를 기도에 적용하면 "하물며"라는 논리에 따라 작용합니다. 불의한 재판관이 어느 집요한 과부

---

15 역주: 1976년부터 1983년까지 아르헨티나 군사 정권이 일으킨 더러운 전쟁 기간 동안에 실종자들의 어머니회

에 의해 납득이 되는데, 하물며 하느님께서 지치지 않고 끊임없이 간청하는 이들의 청은 얼마나 더 잘 들어주시는지 생각해 보지 않습니까? 여기서 모범이 되는 것은 과부의 집요한 괴롭힘이 아니라 체념과 운명론에 압도당하는 것을 거부하는 것입니다. 이 여인은 절망을 거부하고, 세상의 불의에 맞서 싸우면서도 강인함을 지니는 모범으로 남는 결과를 낳았습니다. 왜냐하면 바로 하느님께서 비유에 나오는 재판관처럼 곤란한 사람과는 아주 다른 분이시기 때문입니다. 그래서 그분께 기도하는 이들의 간청에 더 잘 응답해 주십니다. 기도는 이렇게 시련 가운데 부르짖는 외침입니다. 그래서 모든 사람들이 침묵할 때에도 자신의 목소리를 계속 높이 외쳐 부르는 것입니다. 기도는 희망의 딸입니다.

모든 것이 가능하다

네 복음서는 간질병에 걸린 아들의 아버지에 대해 이야기합니다. 아버지는 아들이 병이 치유되기 위해 제자들에게 데려왔지만, 예수님의 제자들은 아들을 고치지 못했습니다. 한번은 예수님께서 더욱 사랑하시는 세 제자들과 함께 거룩한 변모의 산으로부터 내려오시어, 이 아버지의 고통을 헤아리셔야 했습니다. 아들의 건강 상태에 대하여 아버지에게 묻는 것부터 시작하십니다. 그리고 그가 예수님께 외칩니다. "예수님, 당신께서 하실 수 있으시다면, 저희에게 자비를 베푸시어 저희를 도와 주십시오." 예수님께서 응답하십니다. "네가 '하실 수 있으시다면'이라고 말하였다. 믿는 이에게는 모든 것이 가능하다"(마르 9,22ㄴ-23). 이 대목에서 아버지의 아름다운 신앙 고백을 읽게 됩니다. "저는 믿습니다. 믿음이 없는 저를 도와 주십시오."

"믿는 이에게는 모든 것이 가능하다"라는 말씀이 때때로 믿음의 힘을 찬양하는 말씀으로 해석됩니다. 믿는 이라면 모든 것이 가능하다. 그런데 그리스어 원어를 보면 그렇게 읽고 해석하는 것이 허용되지 않는 것이 진실입니다. 여격으로 "그분을 믿는 이에게"는 저자가 아니라 수혜자를 특정합니다. "모든 것이 가능하다"는 '믿는 이'의 입장에서 가능한 것이 아니라 '당신께서 총애하시기에' 가능한 것입니다. 그러면 다르게 말하게 됩니다. 믿는 이에 대한 총애를 가지신 하느님께서 모든 것을 가능하게 하십니다. "저는 기도 자체의 힘을 믿지 않습니다. 저는 오직 하느님 그분의 권능을 믿습니다. 바로 이 때문에 저는 기도합니다." 이는 몽펠리에Montpellier 성서 주석가인 미셸 부티에Michel Bouttier가 정확하게 기록한 말입니다.

간질병 아들의 아버지의 말에 주목할 만합니다. 왜냐하면 동시에 자신의 믿음과 믿음이 없음을 고백하고 있습니다. 신약성경에서 믿음은 하나의 종교적 의견을 지칭하지 않는다는 점을 분명하게 못 박아 두어야 합니다. 대신 믿음은 자기 신뢰심의 위치를 일컫습니다. 우선 믿는다는 것은 하느님께서 존재하신다는 점을 생각하는 것이 아니라는 뜻입니다. 믿는다는 것은 그분께 신뢰를 두는 것을 뜻합니다. 하느님께서는 당신 자녀들을 해방시킬 수 있는 분이시라는 신뢰심 안에, 동시에 이 해방이 실제로 일어날 수 있는지에 대한 의구심 안에 사신다고 선언합니다. 이 몇 마디 안 되는 말 속에서 모든 믿음이 부재하다는 사실을 발견합니다. 불신앙은 믿음의 심장에 박혀 있으며, 믿음에 통합되는 마음의 한 부분입니다. 의심이라는 뱀이 믿음의 심장을 물었음에도 불구하고 그것을 부인하는 것은 자기 자신을 속이는 대죄를 범하는 것입니다. 다른 사람들 앞에서 자신을 과시할 때 더욱더 자신은 돌과 같은 믿음을 지니고 있다는 거짓 이미지를 퍼트리는 것입니다.

그러므로 기도란 이런 것입니다. 기도가 응답을 받기를 고대하고 또한 여전히 그것이 이루어질까 믿지 못하면서, 같은 공간 속에 신앙과 불신앙이 공존하는 것입니다. 그렇다고 해도 기도는 조금씩 천천히 불신앙이 믿음으로 물들게 되는 장소이며, 모든 것을 이루시는 하느님께 자신을 내맡기고 내려놓는 장소입니다. 운명론에 직면하여 철저한 신뢰는 당신을 약하게 만들 수 있습니다.

하지만, 기도는 있는 그대로의 세상 앞에서 결코 체념하지 않는 바로 그런 강인한 의지에서 힘을 얻습니다.

정말 솔직히 말해, 제가 보기에 당신은 결론을 맺지 않고 질질 길게 끌고 있습니다. 제 글을 읽는 사람의 목소리가 다시 떠오릅니다.

긴 설명 끝에 여러분은 기도의 응답이라는 질문에 대해 무엇을 말해야 합니까? 하느님께서 응답하십니까, 아니면 응답하지 않으십니까? 제가 보기에 믿는 이들에게 모든 것이 가능하다는 점을 여러분은 확신하지 마십시오. 기도의 능력보다 하느님의 능력을 믿는 것이 좋을지 모릅니다. 그런데 하느님은 불치병을 고치시러, 우리의 산을 옮기러 오실까요?

좋습니다. 더 직접적으로 이야기를 풀어 나가겠습니다. 저는 응답받지 않은 기도의 두 경우를 고찰할 것입니다. 둘 다 신약성경에서 찾아 볼 수 있습니다. 하나는 예수님이고 다른 하나는 사도 바오로입니다.

당신의 뜻이 이루어지소서

예수님 수난 사화의 중심에는 예수님께서 성부 하느님과 기도 중에 하신 당신의 싸움이 자리합니다. 예수님께서 패배하실 것인 그런 싸움이었습니다. 어쨌든 예수님께서 원하는 것과는 다른 방향으로 당신을 이끌 그런 싸움이었습니다.

우리가 겟세마니 동산에 있습니다. 당신의 벗들을 이끌고 최후의 만찬 직후에 올리브 동산에서 예수님께서는 기도하십니다. 당신께서는 곧 체포되실 것입니다. 유다가 이끄는 11명의 군대가 이미 당신을 향해 걸어오고 있었습니다. 예수님께서는 세 명의 제자를 데리고 따로 기도하십니다. 그분은 슬프고 괴로운 심정이셨습니다. 예수님께서는 세 제자들에게 당신과 함께 깨어 있으라고 청하셨지만, 제자들은 잠들어 버릴 것입니다. 전승에 따르면 그분의 기도는 이렇습니다. "아버지, 하실 수만 있으시면 이 잔이 저를 비켜 가게 해 주십시오. 그러나 제가 원하는 대로 하시지 마시고 아버지께서 원하시는 대로 하십시오"(마태 26,39). 성경에 나타나는 잔의 이미지는 피 말리는 마음입니다. 불행, 심판, 괴로움과 동의어입니다. 그분에게 다가올 잔인한 죽음을 연상시키는 상징물로, 예수님께서는 이 고난의 잔을 면하게 해 달라고 청하십니다.

곧이어, 예수님께서 당신과 함께 깨어 있으라 명하신 세 제자들에게 이르셨는데, 그들이 잠자고 있는 것을 발견하셨습니다. 예수님께서는 베드로와 제자들이 단 한 시간조차 예수님과 함께 깨어 있을 힘이 없다고 한탄하십니다. "유혹에 빠지지 않도록 깨어 기도하여라. 마음은 간절하나 몸이 따르지 못한다"(마태 26,41). 여기서 우리는 주님의 기도 안에서 확인한 유혹의 의미를 발견합니다. 여기서 말하는 닥쳐오는 시험이란 제자들이 악의 세력에 압도되어 침몰하게 되는 심연이 아닙니다.

그리고 다시 예수님께서는 떠나가십니다. 얼마 정도인지 우리가 알지 못하지만, 어느 정도 시간이 흐른 뒤에 두 번째 기도를 바치십니다. "아버지, 이 잔이 비켜

갈 수 없는 것이라서 제가 마셔야 한다면, 아버지의 뜻이 이루어지게 하십시오"(마태 26,42). 졸려서 잠들어 버린 제자들로부터 버림받은 외로움의 무게가 실린 채, 예수님께서는 이 기도를 다시 한번 반복하십니다(마태 26,44).

겟세마니에서 완성하신 예수님의 발걸음은 이중의 단념으로 강조됩니다. 한편으로, 적어도 예수님의 가장 가까운 제자들은 시련 중에 있는 당신을 도울 것이라는 희망을 가지셨지만, 그런 생각을 고쳐야 했습니다. 그분께서 깨어 계시는 동안 당신의 벗들은 잠들었습니다. 다른 한편으로, 만약 하느님께서 고난의 쓴 잔을 마시는 것을 면하게 해 주셨다고 하면, 그 청원이 멈추도록 놔두어야 합니다. 그러면 우리는 예수님의 기도가 성부로부터 응답을 받지 않았다는 점을 두고 말할 수 있습니다. 예수님께서는 맨처음으로 하신 당신의 청원을 거두셨습니다.

하지만 더 나아가 이 기도가 성부로부터 응답을 받지 못했다는 점은 우리를 다른 길로 이끌어 주는 것을 보게 됩니다. 예수님께서는 기도가 자신의 애통함을 정성을 기울여 표현한 것이며, 아버지의 뜻을 받아들이고 자신의 생명을 바치는 관점을 납득하게 했습니다. 여기에 그분의 발걸음, 진보와 성숙으로 나아가시는 모습이 있습니다. 이런 움직임 그 자체로 의미를 발견하시게 되었습니다. 우리는 그분께서 치르셔야 했던 대가를 잘 이해합니다. 그러나 결국 예수님께서는 아버지와 일치를 이루시면서 당신이 가실 길을 발견하셨습니다. 기도에 응답이 없다는 뜻은 주어진 운명에 일치하는 좁은 길을 통과하는 것입니다.

사도 바오로의 헛된 기도

사도 바오로의 전 생애는 모험이 가득했고 위험 투성이였습니다. 그런 그가 코린토 공동체와의 관계보다 더 극적인 어조를 쓴 일은 없었습니다. 그 맥락을 간략하게 기억하면, 다음에 이야기할 것들이 더 잘 이해가 됩니다. 사도 바오로가 18개월(오직 에페소에서만 사도는 그렇게 기나긴 세월을 보냈음)을 보냈던 코린토에서 교회를 세운 후에, 사도는 떠났습니다. 그의 스타일에 의해, 갓 생겨난 신생 공동체가 성장하도록 놔둔 채 자신의 복음화 여정을 계속 이어 나갔습니다. 그런데 바오로 사도가 떠난 지 얼마 되지 않아, 코린토 교회에 여러 설교자가 당도하였습니다. 거기서 그 설교자들은 코린토 교회의 그리스도인들을 그들의 초자연적 행위들로 현혹시켰습니다. 치유, 탈혼, 이상한 언어로 말하기 등. 이와 유사한 행위들 앞에서, 바오로라는 사람에 대한 이미지는 희미해집니다. 그리고 공동체는 무엇보다도 "완벽한" 그리스도인(이런 특별한 은사를 받은 이)과 "평범한" 그리스도인(그런 은사가 없었던 이)으로 갈려지게 됩니다. 이런 심각한 상황을 알게 된 바오로는 코린토1서를 코린토 공동체에 쓰게 됩니다. 이 서간에서 그의 주요 담론은 바로 십자가의 어리석음에 대해 중점을 두는 것입니다. 하느님께서는 세상을 그리스도의 약함으로 구원하신다는 것입니다(1코린 1,18-25).

불행하게도, 그 서간은 코린토 교회의 의문점들을 명쾌하게 설명하는 데 충분치 못했습니다. 계속되는 위기와 상황은 이른바 "최고 사도들"이라는 이들이 도착하면서 더 중대해집니다. 그들은 바오로 사도를 반대하고 있었습니다. 이어 몇 달이 흐른 뒤에 바오로 사도는 여러 차례 교서를 보내게 되는데, 우리가 잘 아는 코린토2서를 포함하는 서간들입니다. 사도가 벌인 신학적 싸움이 벌어진 그 지점을 잘 이해할 필요가 있습니다. 구원은 능력의 하느님이 거두신 승리와 혼동될 수 없습니다. 당연합니다. 하느님께서는 전능하시지만, 당신의 권능은 자신의 생명을 내어 놓으시어 십자가에 못 박히신 분 안에서 드러납니다. 코린토2서 12장에서 바오로는 자신과 경쟁하는 설교자들의 주장에 반박합니다. 그들만이 황홀경 체험을 시켜 줄 수 있는 유일한 사람들이라는 주장에 대해 맞섭니다. "이런 사람에 대해서라면 내가 자랑하겠지만." 그리고 셋째 하늘까지 들어 올려진 일이 있었다고 말합니다(2코린 12,1-6). 그렇지만 그 황홀경 체험 가운데 하나는 결코 자랑하려는 목적으로 하지 않았다는 말을 덧붙이며 말합니다. "나 자신에 대해서는 내 약점밖에 자랑하지 않으렵니다"(2코린 12,5).

우리는 마조히스트인 바오로 사도를 만나고 있습니까? 그래서 그는 자신에게 닥친 고통과 불행을 기뻐할 뿐입니까? 아닙니다. 타르소의 바오로는 그런 신경증을 키워 보내지 않았습니다. 자신의 약점을 자랑한다고 말한다면, 그것은 그의 증언이 자기 자신에게 되돌아가는 것이 아니라, 자신을 다시 일으키신 하느님의 권능에 되돌아가게 하려는 이유입니다. 자신의 약점을 증언하는 것은 그의 능력들을 보여 주기 위한 것이 아니라, 하느님의 힘을 보여 주기 위한 것입니다. 그리고 이에 대한 구체적인 예는 사도가 하느님께 바친 기도에 나타나며, 거기에는 그가 받은 기도의 응답도 나옵니다.

그 계시들이 엄청난 것이기에 더욱 그렇습니다. 그래서 내가 자만하지 않도록 하느님께서 내 몸에 가시를 주셨습니다. 그것은 사탄의 하수인으로, 나를 줄곧 찔러

대 내가 자만하지 못하게 하시려는 것이었습니다. 이 일과 관련하여, 나는 그것이 나에게서 떠나게 해 주십사고 주님께 세 번이나 청하였습니다. 그러나 주님께서는, "너는 내 은총을 넉넉히 받았다. 나의 힘은 약한 데에서 완전히 드러난다." 하고 말씀하셨습니다. 그렇기 때문에 나는 그리스도의 힘이 나에게 머무를 수 있도록 더없이 기쁘게 나의 약점을 자랑하렵니다. 나는 그리스도를 위해서라면 약함도 모욕도 재난도 박해도 역경도 달갑게 여깁니다. 내가 약할 때에 오히려 강하기 때문입니다(2코린 12,7-10).

황홀경의 절정에 오른 후에, 바오로는 매우 낮아졌습니다. 세 번(이 숫자는 상징적인 것으로 그는 기도하고, 기도하고, 기도하였다는 점을 말함)이나 사도는 하느님께 이 가시로부터 자신을 해방시켜 달라고 청하였지만, 소용이 없었습니다. 예수님께서도 겟세마니에서 당신의 기도를 세 번이나 올리시며 말씀하셨습니다. 주석가들은 '이 가시라는 것은 무엇일까?'에 대해 오랫동안 의문을 품어 왔습니다. 어떤 이는 이것을 질병 가운데 하나로, 어떤 이는 신체적 결함 중 하나로, 어떤 이는 수사학적 불충분으로 인해 자신의 옛 유대교 동료들과의 끝없는 문제를 말하는 것으로 해석합니다. 마치 불만이 끝도 없는 여인처럼 한없이 문제 제기하는 것과 같습니다. 바오로는 자신의 대화 상대가 알 만한 질병들을 암시할 수 있지만, 그 질병의 이름을 특정할 필요는 없습니다. 간질 발작? 눈병? 그게 무엇이든 어떤 경우에는 그것은 그에게 짐이 되며 그의 능력을 약화시키는 방해입니다. 하느님에게까지 벗어나게 해 달라고 오랫동안 애원할 정도로 그렇게 무거운 상처입니다.

너는 내 은총을 넉넉히 받았다

하느님의 응답은 이렇습니다. "너는 내 은총을 넉넉히 받았다. 나의 힘은 약한 데에서 완전히 드러난다." 그의 청원이 거절되었습니다. 바오로가 기도가 응답 받지 못하는 점에 대한 이론을 제시하려고 이 몇 줄을 쓴 것은 당연히 아닙니다. 그렇지만, 결과적으로 그의 사례에서 교훈을 얻을 수 있습니다. 사도가 어떻게 좌절을 극복하였는지 알게 해 주는 순간부터 이 구절들은 우리에게 가르침을 줍니다. 다음의 세 단계를 거쳐야만 했습니다.

첫째 단계로, "기도의 응답이 없다는 것은, 기도가 단순히 받아들여졌지만 기도를 한 사람이 손해를 입는 상태가 아니다. 그에 대해 설명이 되고 정당화가 되는 상태이다."[16] 이에 대한 설명은 다음의 소개말로 시작됩니다. "그분께서 나에게 말씀하셨다"라며 하느님을 언급합니다. 바오로 서간들에서 언제나 성경 구절을 인용하면서 사용하는 형식입니다("주님께서 말씀하셨다"). 여기서도 사도는 자신이 성경을 읽으면서 생긴 어떤 확신을 슬며시 말하는 것일까요? 아니면 기도하면서 그가 거룩한 계시를 받은 것으로 생각할 수 있는 대목입니다. 개

---

16 CHRISTOPHER SENFT, *Le courage de prier. La prière dans le Nouveau Testament*, du Moulin, Aubonne 1983, 65.

인적으로 이 "주님께서 나에게 말씀하셨다"는 것은 저를 놀라게 하지 않을 것입니다. 이는 되려 그의 기도 청원과 반대되는 거절의 의미를 이해하기 위해 바오로가 시작한 긴 탐색과 묵상의 여정으로 우리를 되돌려 보냅니다. 왜냐하면 그의 요구가 완벽하게 합당한 것이었기 때문입니다. 기도하는 이를 괴롭히는 상황에서 벗어나기 위해 하느님께 자신을 내맡기는 것이 믿는 이의 기도입니다. 여러 시편에서도 비슷한 기도들로 가득 차 있습니다. 그래서 기대치 않았던 기도의 거부로 구석에 몰린 바오로는 성경을 찾았고, 묵상하고, 읽고 또 읽었습니다.

둘째 단계로, "너는 내 은총을 넉넉히 받았다"입니다. 이 응답은 모든 때마다 하느님의 은총이 충분했다는 점을 표현하는 표어가 아닙니다. 바오로가 이해한 진리는 그의 개인적인 체험에 친숙한 것입니다. 여기서 "은총"은 사도의 부르심을 말합니다. 바오로 사도가 자기 육에 박힌 가시로 인해 완전히 위협받았거나 반쪽이 된 것을 보는데, 여기서 "은총"을 마치 하나의 힘으로 경험하도록 인도되었습니다. 자기 육신이 쇠약해져서 그 약함 속에서 "이루시는" 힘입니다. 곧 완전히 충만해져서 힘의 무게를 다 보여 주고 있습니다. 다른 말로 하자면, 바오로는 자신의 약함으로 비워지는 그곳에 어떤 힘, 권능이 자신을 지탱하고 있음을 이해하도록 인도되었다는 것입니다. 타자이신 그분께서 사도 안에서 활동하시고 사도가 견디게끔 사도와 일치합니다.

셋째 단계로, 바오로는 자신의 경험을 확장시켜 일반화합니다. 따라서 사도는 "그리스도의 힘이 나에게 머물 수 있도록" 자신의 약점들을 자랑하게 될 것입니다. 바오로가 사용한 동사는 매우 희귀한 것입니다. "안식을 취하다" 혹은 더 정확하게는 "야영하다"(에피스케누 ἐπισκηνόω)입니다. 신약성경 전체에서 유일한 경우로, 이 동사는 히브리 어 성경에서 오랜 역사를 지니고 있습니다. 하느님께서 우리 가운데 당신의 장막을 세우시고 거기에 현존하신다는 뜻에서 유래한 동사입니다. 이런 하느님의 모습은 믿는 이들 가운데 당신의 거처를 세우신 다는 이미지이고, 그것이 아직 우리가 경험하지 못한 그런 현존을 약속하시는 형태를 취합니다. 은총이나, 그리스도의 힘은 바오로 사도의 무장 해제된 육신에 머무르기를 원하는 것입니다. 여기서부터 결론이 나옵니다. "내가 약할 때에 오히려 강하기 때문입니다." 이는 물론 이런 의도를 지니게 될 것입니다. "나는 내 안에 거하시는 그리스도의 힘으로 강합니다." 그러나 사도는 자신의 말을 받아 적은 사람들에게 교묘한 수사법을 사용하였습니다. 힘이 머무르신다는 용어들을 거꾸로 뒤집어 사용합니다. 사도직의 진정한 힘은 온갖 모욕 속에서, 갖은 제약과 핍박 속에서, 그리고 예수 그리스도의 종이라는 자신의 존재를 와해시키는 막다른 골목에서 찾게 됩니다.

겟세마니 동산의 예수님처럼, 기도의 응답을 받지 못한 이런 가혹한 경험은 더 깊은 데로 나아가기 위한 계기가 되었습니다. 복음서의 이야기는 예수님 내면의 심경 변화에 대해 전혀 아무것도 이야기해 주지 않고 있습니다. 그 반대급부로 바오로는 자신의 심경 변화를 표명하고 있으며, 심경 변화의 단계를 표현하고 있습니다. 마침내는 이 어려운 체험이 자신이 그토록 희망했던 은총 그 이상으로 바오로에게 주어졌습니다. 왜냐하면 약함 체험이 자신의 사도적 돌봄의 원천 그 자체가 되어 자신에게 유익으로 되돌아왔기 때문입니다.

최근에 어떤 한 주석가는 기도의 무응답과 관련하여 바오로를 두고 그것이 "과도한 성취를 이뤘다"[17]고 기록하였습니다. 이는 결코 기도자의 요청에 응답이 없기 때문에 생기는 격렬한 울분을 평가 절하하는 문제가 아닙니다. 그것이 아니라 "과도하게 응답을 받음"이라는 것은 바오로가 자신이 고난을 받는 동안에 더 앞으로 나아가게 된 그 거리를 이제 이해할 수 있습니다. 사도에게는 병으로부터의 해방이 완전한 해결의 열쇠가 아니었

---

17 Loïc P.M. Berge, *Faiblesse et force, présidence et collégialité chez Paul de Tarse*, Leiden, Brill, 2015, 413.

다는 점이 계시되었습니다. 그것보다는, 그의 약함이라는 블랙홀 속에서, 자신의 힘이 아니었지만, 사도를 지탱하던 어떤 권능이 전개되는 것을 계속 경험할 수 있었습니다. 사도가 앓았던 병이라는 특별한 사건을 넘어서는 하나의 약속을 보여 주며, 이는 또한 진정 바오로 사도라는 특정 인물에 매이지 않고 그를 초월해서 각자가 발견할 수 있는 사실을 보여 줍니다.

그분의 이름으로 청하십시오

하지만 어떻게 바오로의 길을 따라야 합니까? 어떻게 기도의 무응답이 막다른 골목이 아니라 그보다 더 위대한 완성으로 인도하는 지름길로 만들 수 있나요? 요한계 문헌에서 이 부분에 대해 특별하게 깨달음을 주는 두 가지 지침을 찾아 볼 수 있습니다.

첫 번째 지침은 이미 이 책의 1장에서 인용했습니다. "내가 진실로 진실로 너희에게 말한다. 너희가 내 이름으로 아버지께 청하는 것은 무엇이든지 그분께서 너희에게 주실 것이다"(요한 16,23). 아버지께 예수님의 이름으로 올려드리는 기도를 아버지께서는 반드시 응답하실 것이라는 이 선언은 요한 복음의 고별 담화문에서 여러 번 다시 나타납니다. "그리스도의 이름으로" 청한다는 것은 무엇을 말하고자 할까요? 그리스도 편에서 청하는 것일까요? 그리스도께 자신을 맡기면서 청한다는 것일까요? 다음 복음 말씀이 해석의 열쇠를 제공하는 실마리가 됩니다. "너희가 내 이름으로 청하면 내가 다 이루어 주겠다"(요한 14,14). 그러므로 그분 편에서, 그분의 입장에서 청하는 것을 말하는 것이 아닙니다. 그분을 향해 우리 자신이 되돌아서는 그 순간부터 기도입니다. 여기서 이름이란 그분의 인격, 그분으로부터 오는 능력, 그분께서 몸소 보여 주신 삶의 모범과 동격을 이룹니다. "그분의 이름으로" 예수님께 기도한다는 것은 그분께서 하셨던 것과 같이 기도하는 것입니다. 그분의 모범대로 기도하는 것입니다. 그분께서 지니셨던 그런 믿음과 담대함을 갖고 기도하는 것입니다.

그럼 이제 두번째 지침을 봅시다. "우리가 그분에 대하여 가지는 확신은 이것입니다. 우리가 무엇이든지 그분의 뜻에 따라 청하면 그분께서 우리의 청을 들어 주신다는 것입니다"(1요한 5,14). 여기에 조건이 하나가 붙습니다. "그분의 뜻에 따라" 하느님께 기도하기. 그런데 기도할 때 내가 청하는 것이 그분의 뜻에 합당한지 아닌지를 어떻게 알 수 있습니까? 기도하기 전에 내 청원이 그분의 뜻에 합당하다는 마크를 반드시 얻어야 하나요? 제가 보기에는 이 방식을 의도한 것은 아니라고 생각합니다. 기도하려는 갈망에 대하여 철저한 검열을 하는 것은 예수님께 믿음을 갖고 기도하는 권고들에 정반대되는 것입니다. "그분의 뜻에 따라" 기도하는 것은 모든 물음/간청을 하느님께 향하도록 하는 그런 수준을 가리킵니다. 각자의 다양한 필요들을 아무것도 배제하지 않는 수준을 말하며, 주님의 기도의 '우리' 청원에서 나타난 바와 같습니다. 그럼에도 불구하고, 우리의 기도가 더 성숙하고, 더 깊은 기도로 성장하고 유익이 되는 기나긴 여정은 바로 그분 뜻에 따라 기도하는 이 지평을 가리킵니다.

    결론적으로, 그리스도의 이름으로 기도하고 하느님의 뜻에 따라 기도하는 것에 대한 두 가지 권고들은 겹치는 부분이 있습니다. 감히 우리가 어떻게 성공과 명예를 청할 수 있습니까? 당신의 아드님께서 모욕당하시고 거절을 당하신 줄 알고 계시는 그분께 어떻게 청할 수 있습니까? 감히 우리가 어떻게 우리의 원수들을 없애 달라고 애원할 수 있습니까? 당신의 아드님께서 자신을 박해하고 핍박하는 이들을 위해 기도하신 줄 알고 계시는 그분께 어떻게 청할 수 있습니까? 감히 우리가 어떻게 죽음으로부터 도망하게 해 달라고 간청합니까? 어떻게 죽을 수밖에 없는 인간인 우리를 창조하신 하느님께 죽음을 도피하게 해 달라고 간구합니까? 기도하는 방식에 대한 두 가지 지침을 다시 한번 살펴보면, 그것이 반드시 올바른 기도를 위한 필터의 관점으로 작동하도록 해야 하는 것이 아니라, 우리의 기도 여정이 어디로 가야 하는지 방향을 잡아 주는 길라잡이로서 작동해야 합니다.

나머지는 우리가 할 일이 아닙니다

마르틴 루터는 말하기를, 우리가 주님께 기도하면 "나머지는 우리가 할 일이 아닙니다"라고 하였습니다. 종교 개혁가는 이와 같은 빛나는 마지막 말을 남기는 것을 좋아했습니다. 제 편에서는 어떤 상황과 환경에서든지 이 말이 참되다고 생각하기가 망설여집니다. 그렇지만, 어떤 경우에는 이 말을 반길 수 있겠다고 봅니다. 예를 들면, 저에게 너무 무겁고 너무 광범위한 상황들 때문에 기도할 때 이 말이 감사하게 느껴질 수 있습니다. 세상 속에서 악에 의하여 황폐해진 모습들에 대해 제가 비통해 할 때 이 말이 감사하게 느껴질 수 있습니다. 제 친구 가운데 한 명이 겪는 고뇌 앞에서 저의 무능함을 고백해야 할 때 이 말이 감사하게 느껴질 수 있습니다. 저의 감정이나 저의 분노를 표현하는 것 너머로 갈 수 없을 때 이 말이 감사하게 느껴질 수 있습니다. 이런 경우에는 자신을 버리고 하느님께서 일하실 것임을 다시 재확인하는 것이 좋습니다.

― 여러분들께 송구하지만, 계속 이야기를 진행하기에 앞서 드릴 말씀이 있습니다. 이 장을 마무리하는 동안에 음성이 들리게 되었습니다.

― 제가 기도할 때, 저는 거의 항상 저 혼자 기도를 할 때, 어떤 무미건조함을 느낍니다. 저는 진공 상태로 빙빙 도는 듯하게, 반복되는 단어 속으로 빠져드는 느낌이 있습니다. 말하자면, 저는 영감이 부족합니다. 제가 수렁에 빠지지 않도록 저에게 해 주실 조언이 있습니까?

― 그럼 마지막 장을 여러분들의 질문에 바칠 것입니다. 저는 기도가 우리를 어떻게 변화시키고 어떻게 우리가 성장하도록 돕는지 보여드리려고 모색할 것입니다.

제4장

기도는 우리를 변화시킨다

 이 마지막 장에서, 저는 기도가 어떻게 우리에게 작용하고, 우리를 변모하게 하며, 우리를 바꾸고, 우리를 성장하게 하는지 보여드리고 싶습니다. 기도가 회심의 장소라고 말씀하시는 미리암 수녀님의 다음 말씀을 저는 좋아합니다. "우리 안에 숨어 있는 이교도가 유리할 위험은 끊임없이 존재합니다. 우리의 온 존재가 어떤 방식으로든지 복음화되도록 해야 합니다."[18] 회개한다는 것은 말 그대로 자신의 견해를 바꾸는 것을 뜻합니다. 어떻게 기도가 하느님과 우리 자신과 세상에 대한 우리들의 견해를 바꿀 수 있을까요?

 이 질문에 답하기 위해 다음의 세 가지 구절들을 살

---

18 Soeur Myriam, *Seigneur, donne-nous la prière*, Desclée de Brouwer, Paris 1998, 39.

펴보기로 선택하였습니다. 분노의 시편, 마리아의 마니피캇, 성령의 말할 수 없는 탄식들.

분노의 시편

온몸을 전율케 하는 시편들이 있습니다. 물론, 주일 전례에서 혹평을 받는 것들입니다. 이 시편은 기도하는 이가 욕설을 하고, 발을 밟고, 적에 대해 애통해하며 그를 악마화하는 그런 시편입니다. 이런 아이디어를 확인하기 위해서는 시편 5장(오, 주님! 그들을 벌하소서!), 시편 9장(원수들이 저승으로 물러가리라), 시편 10장(악인의 팔을 부러뜨리소서), 시편 18장(나를 미워하던 이들을 내가 쳐부수었다), 시편 58장(오 하느님, 그들 입의 모든 치아를 부러뜨리소서), 시편 79장(당신의 분노를 당신을 모르는 민족들에게 퍼부어 주소서), 시편 109장(주님께서 이 땅에서 당신에 대한 기억을 사라지게 하시리라), 시편 139장(오, 주님! 분명히 당신께서는 원수들을 소멸하실 것입니다), 시편 140장(그들 위에 타오르는 불꽃이 떨어지게 하리라!), 그리고 시편 143장(주님, 제 원수들에게서 저를 구하여 주소서)을 읽어 보면 충분히 알 수 있습니다. 이 분노 시편들은 시편 저자가 복수를 바라는 원수들을 거슬러 일어나는 분노에 대한 목소리도 내는 동시에, 폭행당한 시편 저자의 탄원의 목소리도 내고 있습니다. 여기에서는 성경에서 가장 거친 장절들을 찾아보도록 합니다. 이는 시편 109장과 같은 그런 표현들입니다.

> 제 찬양의 하느님, 잠잠히 계시지 마소서.
> 그들이 저를 거슬러 사악한 입과 음험한 입을 벌려
> 거짓된 혀로 제게 말합니다.
> 미움의 말로 저를 에워싸고 까닭 없이 저를 공격하며
> 제 사랑의 대가로 저를 적대합니다.
> 그러나 저는 오직 기도드릴 뿐.
> 그들은 제게 선을 악으로, 제 사랑을 미움으로 갚습니다.
> 그를 거슬러 악인을 세우소서.
> 고발자가 그의 오른쪽에 서게 하소서.
> 그가 재판받으면 죄인으로 나오고 그의 기도는 죄가 되며
> 그의 살날들은 줄어들고
> 그의 직책은 남이 넘겨받게 하소서.

그의 자식들은 고아가, 그의 아내는 과부가 되게 하소서.
그의 자식들이 정처 없이 떠돌아다니며 빌어먹고
자기네 폐허에서 쫓겨나게 하소서.
빚쟁이가 그의 것을 모조리 잡아채고
남들이 그의 벌이를 빼앗으며
그에게 자애를 품는 이 없고
그의 고아들을 불쌍히 여기는 이 없으며
그의 후손은 끊어지고 다음 세대에 그들의 이름이
지워지게 하소서(시편 109,1-13).

이런 것을 하느님께 간청할 수 있나요?

"네 이웃을 네 몸같이 사랑하라"와 같은 핵심적인 도덕 계명이 있는 그리스도교 신앙에서 이런 복수 시편을 어떻게 이해해야 할까요? 폭력적인 모습으로 복음의 사랑에 대한 명령을 거스르면서 기도하는 것이 신학적으로 올바른 기도라고 간주될 수 있을까요? 이렇게 성경의 책장을 넘기면서 올바르다고 하는 하나의 탈출구를 찾으려는 장면을 상상할 수 있을 것입니다. '구약성경 이 부분을 보세요. 전쟁의 폐허 소리와 폭력이 가득한 이 장면들이 있잖아요.' 하느님께 감사하게도 우리는 그런 구약의 이미지에서 해방된 백성들이고 우리는 신약성경을 가진 백성들입니다! 그러므로 이와 비슷한 시편은 마치 유럽의 여러 나라 통화들이 유로화로 대체된 것과 같이 이제 더 이상 통용되지 않는 그런 구식 통화가 될 것입니다. 예수님께서는 모든 폭력의 타당성을 박탈하셨을 것입니다. 여기서 여전히 문제가 남는데, 만일 성경이 성령의 영감을 받은 책이라는 점을 우리가 믿는다면, 그것은 중단될 수 있는 책이라고 생각할 수 없다는 점입니다. 그래서 이런 복수 시편을 우리 손에서 제거할 수 없습니다.

그러나 이 시편은 우리 자신의 분노를 반영한다는 사실을 인정해야 합니다. 우리가 분노를 갑자기 내는 점을 방조하기 때문에 놀라는 것이 아닙니다. 그런 분노를 성경에서 발견하기 때문에 놀라워하는 것입니다. 그런 분노를 모르는 사람이 누구입니까? 원수를 절멸시키려는 충동은 우리와 무관하지 않습니다. 폭력적인 갈등을 겪고 있는 시기에 우리가 그런 분노를 솔직하게 공개적으로 고백하기 망설인다면, 우리의 꿈은 그 분노를 우리 자신을 위해 의식의 표면에 꿈에 나타나도록 공식화합니다. 비록 이런 잔인한 말들과 금지된 저주들이 가끔 우리 본연의 감정이라고 하더라도, 그것 또한 성경의 기도입니다.

저는 이 점을 강조합니다. 시편을 펼쳐 보면, 우리는 진정 제대로 된 여러 감정들이 뒤섞인 만화경萬華鏡을 보게 됩니다. 거기에는 기쁨, 환희, 상상력, 감정, 부드러움, 당혹스러움, 걱정, 분노, 격노, 흥분 등의 정서들이 드러납니다. 종교 개혁가인 요한 칼뱅이 말하기를, 시편은 마치 영혼의 해부와 같다고 하였습니다. 마치 인간의 모든 시절들을 시편에서 떠올리게 됩니다. 시편이 보여 주는 이런 정서적 자유로움이 놀랍습니다! 이와 대조적으로, 우리의 모든 기도들은 마치 자기 표현이 제재를 당한 그런 대담과 닮아 있습니다. 주일에만 쓰는 그런 고정된 언어를 사용해야만 하는 그런 인터뷰처럼 인식이 되어 있습니다. 반면, 시편은 하느님 앞에서 자기 자신이 누구인지 있는 그대로 말하라는 초대입니다. 아주 진실한 자기 자신을, 그분께 우리의 열정, 당혹스러움, 분노와 요구들을 설명하도록 받은 초대입니다.

시편 109의 주인공에게 되돌아 가 봅시다. 무엇이 그 사람의 진실입니까? 그 시편에서는 주인공이 친구에게 배신당한 사람으로 그를 재판에 끌어들여 악으로 그가 피해를 입은 선을 되갚아 주고 있습니다. 시편 주인공은 사람들에게 의지할 수 있다고 믿었으나, 사람들은 자기에게 손해를 끼친 원수를 놓아주었습니다. 어떤 동기로 그랬을까요? 그건 우리가 알지 못합니다. 그러나 그가 그렇게 울부짖는 그 기저의 폭력성에 대해 생각하면, 주인공이 자기 원수에게 즉각적으로 보복을 가하는 것은 특별히 심한 일입니다. 그러니까 우리의 주인공이 무슨 말을 합니까? 무엇보다 먼저 하느님을 증인으로 삼습니다. "제 찬양의 하느님, 잠잠히 계시지 마소서(시편 109,1). 그렇게 하느님께서 주인공에게 일어나는 일을 살펴보도록 주의를 끕니다. 그리고 주인공의 원수들이 벌을 받고 주인공을 반대하는 이들이 좋아하며 말하던 그 저주들이, 되려 그들을 거스르는 저주가 되게 해 달라고 합니다. 그들의 아들, 부인과 후손들까지도 그렇게 역으로 저주가 걸리게 해 달라고 주님께 탄원합니다. 그리고 그들을 멸망시켜 달라고 말하는 것을 결코 자제하지 않습니다. 이 모든 것들이 종식되기를 주님께 애원합니다. 자신을 거슬러 생겨난 여러 악들이 자신을 위해서도 다른 이들을 위해서도 멈추길 기도합니다. 그 악이 더 이상 후손에까지 이어지지 않기를 기도합니다. 후손들에까지 형벌이 확장되기를 바라는 그의 소망은, 곧 더 이상 악이 피해를 미치지 않기를 바라는 갈망을 표출하는 셈입니다. 주인공이 소망하는 바는 더 이상 그 누구도 악인으로부터 피해를 입지 않는 그런 삶을 사는 것입니다. 그렇다고 해도 이웃이 원수같이 행동하였다고 하더라도, 그 이웃의 죽음을 축하할 수 있겠습니까? 그 문제에 대한 명확한 대답은 '아니요'입니다. 그러나 이 시편은 어떤 경우에도 악인의 사형으로 축소되어서는 안 됩니다. 이 시편의 가치는 바로 그가 말하고 있다는 데 있습니다. 주인공은 진솔하게 말하고 있습니다.

― 아, 이제 제가 이해하였습니다. 당신께서 저를 구하시기 위해 어디로 가길 원하시는지. 제 어깨 너머 들리는 당신의 음성이 제게 새롭게 들리게 합니다.

― 당신께서는 기도 안에서 무엇이든지 다 말할 수 있다는 사실을 확신케 하려고 이런 길에 이르고자 하셨군요. 그가 사용하는 단어들이 중요한 것이 아니라, 중요한 것은 그 단어들을 통해 우리의 영혼이 해방되는 것입니다. 이런 식으로 우리 자신을 온갖 악에서 해방시키는 것이 너무나 쉽지 않습니까?

― 아니요! 왜냐하면 증오를 한번 표출하면, 그 다음에는 그 감정에 거리를 두려고 할 수 있기 때문입니다. 무언가를 말하려는 것은 자기 마음의 짐을 가볍게 하는 행위입니다. 스스로를 숨 막히게 하는 어떤 감정을 방출하는 것입니다. "저 사람이 몹시 싫어요"라고 한번 말하는 것은 그 감정 이면으로 나가려는 조건을 스스로에게 내놓는 것입니다. "난 포기했어"라고 선언하는 것은 지

금 갖고 있는 짐을 내려놓고 더 가볍게 기나긴 여정에 나설 수 있다는 뜻과 같습니다. 말하는 그 자체가 진실된 행위입니다. 다만 그것이 아무것도 해결하지는 못하지만 그래도 계속해서 앞으로 나아갈 수 있게 하는 기능을 합니다.

이것이 이 분노 시편이 주는 선익입니다. 마치 압력밥솥과 같이, 자신의 압력을 낮추기 위해 휘파람 소리를 냅니다. 분노 시편은 주인공이 자신이 맛본 좌절감에서 벗어나서 그 분노를 피하는 데 사용된 장치입니다. 자기에게 닥친 불의로 인해 쌓인 분노를 내어 놓기 위한 장치입니다. 이 시편이 분노 배출구가 되어줍니다. 그것은 복수하고픈 열망을 실현시켜 주기 때문이 아니라, 자기 자신으로부터 벗어날 수 있게 하려는 목적 때문입니다. 부정적 감정 배출이 목적입니다. 하느님께 자신의 분노를 말씀드리는 것은 자기 자신의 주변에 독약을 뿌리는 대신에 하는 행위입니다. 자기 내면의 길을 걷기 시작하기 위해 하느님을 증인으로 삼으십시오.

그렇게 시편 저자가 걸었던 여정은 서로 화해와 평화를 향하는 방향으로 진행됩니다. 분노가 가라앉는 움직임은 아주 가벼운 목소리로 시편 마지막 두 구절에서 나타나고 있습니다.

> 나는 주님을 내 입으로 한껏 찬송하고
> 많은 이들 가운데에서 그분을 찬양하리니
> 불쌍한 이의 오른쪽에 서시어
> 그를 판관들에게서 구원하시기 때문일세 (시편 109,30-31).

마리아와 마니피캇

기도가 우리 자신을 변화시킨다는 점을 증명하는 두 번째 텍스트는 바로 마리아의 노래(마니피캇, 루카 1,46-55 참조)입니다. 마리아는 자신이 마주할 수 밖에 없었던 믿을 수 없던 신비로운 잉태에 대한 천사의 주님 탄생 예고를 받아들인 다음에, 그녀의 사촌인 엘리사벳을 찾아 방문하였습니다. 엘리사벳은 세례자 요한을 임신하고 있었습니다. 엘리사벳도 마리아처럼 아주 신비로운 잉태로 아이를 갖게 되었습니다. 그런 여건을 갖고 있는 상태에서 아주 힘차게 마니피캇을 다시 노래합니다.

> 내 영혼이 주님을 찬송하고
> 내 마음이 나의 구원자 하느님 안에서 기뻐 뛰니
> 그분께서 당신 종의 비천함을 굽어보셨기 때문입니다.
> 이제부터 과연 모든 세대가 나를 행복하다 하리니
> 전능하신 분께서 나에게 큰일을 하셨기 때문입니다.
> 그분의 이름은 거룩하고
> 그분의 자비는 대대로
> 당신을 경외하는 이들에게 미칩니다.
> 그분께서는 당신 팔로 권능을 떨치시어
> 마음속 생각이 교만한 자들을 흩으셨습니다.
> 통치자들을 왕좌에서 끌어내리시고
> 비천한 이들을 들어 높이셨으며
> 굶주린 이들을 좋은 것으로 배불리시고 부유한 자들을

빈손으로 내치셨습니다.
당신의 자비를 기억하시어
당신 종 이스라엘을 거두어 주셨으니
우리 조상들에게 말씀하신 대로
그 자비가 아브라함과 그 후손에게 영원히 미칠 것입니다(루카 1,46-55).

마리아는 성부 하느님께서 그녀에게 맡기신 엄청난 역할에 대하여 자신의 넘치는 기쁨을 표현하기 시작합니다. 그 즉시 지평이 확대됩니다. 마리아는 주님께서 하신 "위대한 업적들"을 재구성합니다. 마리아는 주님의 놀라우신 일들을 더 큰 맥락에 끼워 넣습니다. 그녀에게 일어나는 수많은 일들의 시공을 초월하는 그런 거대한 맥락에서 찬미합니다. 첫째, 하느님의 선하심이 실제로 "대대로 이어진다"는 맥락에서 그녀가 노래합니다. 하느님의 선하심이 마리아의 생애 속에서 흘러넘친다는 점이 역사의 지평 속에 자리하고 있습니다. 그리고 이런 마리아의 생애를 통하여 하느님께서는 충실하신 분이라는 점을 드러내고 있습니다. 둘째, 하느님께서 당신의 "미천한 여종의 비천함을 굽어보셨다"는 사실은 그분의 정확한 신적 논리를 확인시켜 줍니다. 거만한 자를 낮추시고 약한 이들을 귀하게 여기셨으며, 가난한 이들에게는 도움을 주시고 부요한 자를 빈손으로 보내셨습니다. 여기서 마니피캇은 정치적, 사회적인 어조로 노래하고 있습니다. 셋째, 마리아의 행복은 아브라함과 그의 후손에게 약속된 축복을 구체적으로 표현합니다. 마리아에 의해 기념되는 하느님은 한 민족의 하느님이십니다. 그녀가 체험한 행복은 과거 하느님께서 당신 백성에게 이룩하신 업적들을 회상하게 합니다. 그분의 "위대한 업적들"은 마리아를 위하여, 마리아와 함께 이뤄진 것이며, 그 일들의 연결 고리가 역사 속에서 서로 연속적으로 이어질 때 그 일들의 본뜻을 갖습니다.

여기서 바로 기도의 아주 중요한 측면을 다뤄 봅시다. 그것은 기도가 역사 속에 뿌리를 두고 있다는 점과 기도하는 공동체 속에 자리한다는 점입니다. 예수님의 기도는 "우리 아버지" 그리고 "나의 아버지"로 환원될 수 없습니다. 마니피캇은 이 "우리"라는 대명사는 역사의 무게와 거룩한 이들의 친교가 풍요롭다는 점을 한정하여 제시하고 있습니다. 동방 정교회의 전형적인 영성은 전례를 거행하는 동안에 전례를 통하여 땅과 하늘, 산 이와 죽은 이들이 서로 품에 안는다고 믿습니다. 제 생각에는 이런 영성을 우리 기도 속에서도 또한 말할 수 있다고 봅니다. 기도하는 이는 결코 혼자가 아닙니다. 기도하는 이는 전 세계 속에서 기도하는 이들과 신비로운 통교를 맺고 있는 것입니다. 종교가 서로 다르다는 점을 뛰어넘어서, 기도하는 이의 여러 동작과 자세 모두 같은 정신으로 하나가 됩니다. 가령 어떤 불교 사원에서 한 여성이 기도를 올리고 있다고 예를 들어 봅시다. 그녀가 무슨 청원 기도를 하고 있고 어떤 신에게 기도를 올리고 있는지 하나도 알지 못한다고 하더라도, 당신 곁에 그녀가 있다면 왠지 모르게 그녀와 가까이 있다고 여러분들도 느낀 적이 있었지 않습니까?

게다가 거룩한 이들의 친교라는 지평 속에서 기도의 의미가 확장되는데, 이는 우리가 기도에 쓰는 어휘들을 더 교정하고, 그 어휘들을 더욱더 "성경적"으로 바꾸게 할 수 있습니다. 성경적인 기도들은 전형적으로 지금 이곳에서 기도하는 "자기 자신"에게만 배타적으로 초점을 두지 않습니다. 되려 역사라는 넓은 흐름 속에서 기도하는 어휘가 어떻게 짝을 이루는지 살피고, 기도하는 "내"가 어디에서 왔는지를 살피며 기도합니다. 이는 기도하는 자를 (역사적으로) 앞서기도 하며 그를 (실존적으로) 뛰어넘기도 합니다. 에페소서가 그 증거가 됩니다. 이 책은 서간문의 형태를 지닌 한 편의 기도입니다.

이상의 여러 고찰들로부터 우리는 기도가 우리를 다시 하나로 엮어 준다는 점을 이해하게 됩니다. 기도는 "나 자신"의 여러 부분들을 서로 연결시켜 주는 그런 일을 하지 않고, 다시금 새롭게 내가 하느님께로 향하여 그분과 일치되고 싶은 충동을 일으킵니다. 그래서 그분 앞에 "나 자신"에 대해 이야기하도록 만듭니다. 보이지 않는 실을 가지고서, 기도는 항상 어디서나 기도하는 형제자매들과의 통교 속으로 나를 인도합니다.

프랑스 철학자 쟈크 엘륄Jacques Ellul은 그의 유명한

저서 『불가능한 기도』(L'impossible prière)에서 기도가 역사를 만든다는 사실을 확인한 바 있습니다. 기도는 "미래를 실현시키기 위하여, 역사의 가능성을 보증하기 위하여" 거기 존재합니다. "내 삶의 역사가 무의미한 순간들의 슬픈 반복으로 축소되지 않기 위해서입니다. 내 교회의 역사가 무기력한 신앙심으로부터 오는 충동들과 연속적이지 않은 선한 뜻으로 인해 제도의 형식만을 취하지 않기 위해서입니다. 내 민족의 역사가 온갖 핍박과 보복과 불의가 극치를 이루는 이들만의 역사가 되지 않기 위해서입니다. 모든 수준에서 일어나는 것들이 역사가 될 수 있기 때문이며, 그저 무의미한 일들이 단순하게 연속해서 일어나는 것으로만 역사가 이뤄지지 않기 때문입니다."[19] 이런 사실은 마니피캇에서 발견한 것과 동일하게 일치합니다. 그것은 바로 역사를 만든다는 점입니다. 지금 이 순간을 과거와 현재와 견주어 바라보게 한다는 것입니다. 하느님의 역사적 계획 속에 우리 삶의

---

19 JACQUES ELLUL, *L'impossible prière, Le Centurion*, Paris 1970, pp. 140-141.

여러 사건들이 자리하게 될 때, 기도는 "말씀께서 숨어서 하시는 일에 우리가 지분을 갖고 참여하는 것"[20]이라고 항상 엘륄은 주장하였습니다.

성령의 탄식들

하느님께서 숨어서 일하시는 바와 관련하여, 로마서의 남다른 구절 하나가 이런 숨겨진 활동 속으로 우리를 안내합니다. 그것은 바로 성령의 작용이 우리 안에서 이뤄지고 있다는 것입니다. 사도는 성령께서 "말로 다 할 수 없이 탄식하시며"(로마 8,26) 우리를 위해 간구하신다고 말합니다. 이해하기 어려운 다른 모든 구절들처럼, 이 구절도 다시 뒤로 물러선 후 그 구절의 맥락을 알아볼 필요가 있습니다.

바오로 사도는 로마서 5-7장에서 죄와 율법이 다스

---

20 같은 책, p. 184.

리던 시대가 이제 승리의 외침으로 종결되었다는 점에 대한 아주 긴 논증의 결론을 다음과 내렸습니다.

> 그러므로 이제 그리스도 예수님 안에 있는 이들은 단죄를 받을 일이 없습니다. 그리스도 예수님 안에서 생명을 주시는 성령의 법이 그대를 죄와 죽음의 법에서 해방시켜 주었기 때문입니다(로마 8,1-2).

죄는 극복되었습니다. 왜냐하면 우리를 하느님으로부터 떼어 놓는 그 힘을 잃어버렸기 때문입니다. 그리스도의 십자가가 우리를 구원과 하느님과 함께 하는 평화의 다스림 안에 놓이게 하였습니다. 바오로 사도는 비로소 새로운 이 체제의 좋은 점들을 기술하고 있습니다. 우리는 이제 더 이상 종살이를 하지 않고, 하느님의 아들딸입니다. 지금처럼 하느님을 "아버지"라 진심으로 부른 적은 이제껏 없었습니다.

그렇지만 바오로 사도는 곧바로 자신의 논지를 수정

합니다. 우리는 여전히 악이 혼재된 이 세상 속에서 하느님의 아들딸이라는 자격으로 살아가고 있다고 말합니다. 우리가 하느님 나라의 영광 속에 살아가는 것이 아니라, 여전히 고통받는 세상 가운데 고생하며 살아가고 있습니다. "우리는 모든 피조물이 지금까지 다 함께 탄식하며 진통을 겪고 있음을 알고 있습니다"(로마 8,22). 세상은 악의 여러 가지 공격으로 신음하고 있습니다. 하지만 바오로는 이 8장에서 다양한 어휘들을 가지고 자신의 생각을 유려하게 펼치는데, 이는 하느님 나라의 도래와 해방과 자유 이전에 선행하는 여러 가지 영육 간의 괴로움에 대하여 다루고 있습니다. 바오로 사도는 다음과 같이 생각하고 있었습니다. "사실 우리는 희망으로 구원을 받았습니다"(로마 8,24).

바로 이 점에서 사도는 이 양극 사이에 놓인 그리스도인의 조건에 대해 묘사합니다. 고통과 이미 자유와 해방을 얻은 그 사이에서 기도에 대한 물음을 마주하게 된다는 사실을 말합니다. 이 경우에만 당면하는 질문일까요? 당연히 아닙니다. 다른 사람들이 기도에 관하여 말했듯이, 기도가 "희망의 극치에서 나오는 몸짓"이라는 점을 제대로 깨닫는 그 순간부터 기도에 대해 계속 궁금해 하게 됩니다. 기도는 우리가 눈으로 보기 어려운 하느님 나라에 속한다는 소속감을 말로써 표현하는 행위입니다. 그리고 이 세상에서 아주 드물게 실천되는 그런 가치들에 대하여, 거의 흠숭받지 못하시는 하느님에 대하여 말로써 표현하는 행위입니다. 기도하는 것은 세상이 드리는 것과는 다른 흠숭을 드러내는 것일 뿐만 아니라, 약속된 세상에 대한 우리 희망에 주목하는 것이기도 합니다. 그렇습니다. 기도하는 것은 우리 자신을 세상 한가운데, '세상 속에 있지만, 세상에 속하지 않은 이'(요한 17,11-16 참조)로 살아간다는 사실을 드러내는 것입니다. 우리는 이 세상 한가운데 머물며 살아가고 있습니다. 지금 이 순간 몇몇 흔적을 통해서만 깨닫게 되는 하느님의 세상과 우리 집, 우리 죄의 원인과 함께 살아가고 있는 지금 이 시간의 사회 한가운데 우리는 살아가고 있습니다. "보이는 것이 아니라 믿음으로 살아가기 때문입니다"(2코린 5,7). 이제 기도는 기도의 고유한 언어로 하느님께서 바라보시는 이 세상에서 하느님을 떠올리는 것입니다. 기도는 우리를 희망 안에 속하게 합니다. 우리가 희망하는 이들이 되도록 만듭니다. 기도하는 것은 우리를 완전 다른 세상에 사는 남녀로 만들어 줍니다.

이와 같이, 성령께서도 나약한 우리를 도와 주십니다. 우리는 올바른 방식으로 기도할 줄 모르지만, 성령께서 몸소 말로 다할 수 없이 탄식하시며 우리를 대신하여 간구해 주십니다. 마음속까지 살펴보시는 분께서는 이러한 성령의 생각이 무엇인지 아십니다. 성령께서 하느님의 뜻에 따라 성도들을 위하여 간구하시기 때문입니다(로마 8,26-27).

우리가 중간 지대에 살고 있다는 불편 가운데, 성령께서는 바오로 사도가 주장하듯이 "나약한 우리를 도와주러 오시는데, 왜냐하면 우리가 기도에서 무엇을 간구해야 하는지 모르기 때문입니다." 여기서 원어 표현의 번역 문제가 하나 대두됩니다. 개역 성경(역주: 원서의 저자가 스위스 출신 개신교 목회자라 이런 표현을 사용함)에서 위와 같이 번역한 본문은 논쟁의 소지가 있는 번역 선택지입니다. 제가 보기에는 선호할 만한 다른 번역본들이 있습니다. 왜냐하면 그리스어 원문에서는 '어떻게' 기도하는지에 대한 물음을(이렇게 번역하면, 우리가 기도에 관한 적절한 지식과 기교, 방법들을 섭렵해야 한다는 문제로 우리 의식을 환기시키기 때문) 떠올리게 하지 않습니다. 오히려 '무엇을' 기도해야 하는가에 대하여 환기를 시키고 있는 것이 그리스어 원문의 올바른 번역입니다. 우리는 하느님께서 이 세상을 향해 무엇을 원하시고 갈망하시는지를 잘 알지 못합니다. 하느님께서 이 세상에서 무엇을 보고 계시는지 알지 못한 채로 우리가 기도하는 것은 어둠 속에서 손으로 출구를 모색하는 격입니다. 우리가 망설이다가 다 약탈당하는 경우를 겪으면서, 과연 정말로 우리 내면의 세계에서 들려오는 힘 있는 소리에 귀를 기울일 필요가 있는가 그런 불변의 의심과 동거를 하고 있습니다. 독백 형식의 기도에 대한 모든 종류의 모호한 점들을 꼭 세어 보아야 합니다. 독백하는 기도에서는 내가 더 이상 하느님 앞에 있지 않고, 오히려 기도하는 내가 나 자신 앞에 있다고 합니다. "기도의 응답"에 대한 장 말미에, 바오로를 반대하는 이들이 위와 같이 목소리를 내고 있습니다.

하지만 바오로는 고상하게 기도하는 사람처럼 기도를 시작하라고 제안하지 않습니다. 유도의 검은띠가 고수의 상징이라는 점을 잘 압니다. 기도에 있어 우리보고 영적인 유도에서 검은 띠를 따야 한다고 사도는 제안하지 않습니다. 그래서 그는 기도에 관한 금욕주의적 프로그램을 내놓지도 않습니다.

"성령께서 몸소 말로 다할 수 없이 탄식하시며 우리를 대신하여 간구해 주십니다." 성령께서는 우리 기도 속에 섞인 말로써 다하지 않는 한숨들을 우선시하십니다. 이는 우리가 기도할 때 다른 어떤 분께서 우리 안에서 기도하고 계신다는 점을 뜻합니다.

바오로 사도는 성령께서 우리의 불완전한 기도를 보완하시려고, 영적인 보너스를 더하시려고 무언가를 덧붙이신다고 말하지 않습니다. 성령께서는 언어를 능가

하는 방식인 "말로 다할 수 없는 탄식"으로 스스로를 표현하십니다. 그렇기 때문에 성령께서는 우리에게 말씀하시고자 우리의 언어를 빌려 사용하시고 거기에서 소리 없이 우리에게 살짝 개입하십니다. 이것이 바로 이해할 수 없는 하나의 신비입니다. 내가 기도할 때, 내 안에 계신 성령 하느님께서 기도하십니다. 내가 있는 자리가 아니라, 바로 나라는 존재 안에서 기도하십니다. 내 기도가 다른 방향으로 굴절되고, 내 말이 혼자 중얼거려 어긋날 때 다른 어떤 주체가 내 기도의 자리를 차지합니다. 그 다른 주체가 바로 말로 표현할 수 없는 성령의 속삭임입니다. 이 신비가 아주 극적으로 우리가 성령 하느님을 해방자로 여기게 합니다. 왜냐하면 결국 내 말이 정확한지, 혹은 내 청원 기도들을 올바로 식별한 것인지(그것이 다소 옳은지), 또는 나의 중재 기도가 적합한지를 성령 하느님의 역할과 견주어 보면, 나의 걱정거리들은 아주 미미하게 중요하다는 점을 가르쳐주기 때문입니다. 설령 우리의 기도가 완벽하지 않은 결과를 낳는다고 하더라도 하느님께서는 당신께서 우리 영육을 빌려서 우리를 위하여 당신만의 기도를 하시기에, 기도의 방법은 하나도 중요하지 않습니다.

복음에 나온 말을 빌어 한마디로 이야기하자면, 이미 우리가 읽은 것처럼 예수님께서는 '아버지이신 하느님'에 관하여 말씀하십니다. 그 아버지께서는 "당신께 청하는 이들에게 좋은 것"(마태 7,11)을 주시는 분이십니다. 내가 간청하는 것이 아버지께서 주실 "좋은 것"인지를 어떻게 알 수 있을까요? 기도하면서, 우리는 반드시 성령께서 우리 안에서 전혀 알지도 못하는 "좋은 것"을 기대하게 만드시는 분이라는 신뢰심을 키워 나가야 합니다. 성령께서는 전혀 상상조차 못하는 여정을 우리가 맞닥뜨리도록 준비시키십니다.

이런 맥락에서 기도는 하느님의 선물이라고 말할 수 있습니다. 하느님께서 일부에게는 기도하는 권능을 부여하시고 다른 이들에게는 그 권능을 거부하셨다는 의미가 아닙니다. 그것보다는, 어떤 사람이 기도할 때면,

그는 스스로를 하느님 앞에 두는 것이고 하느님께 자신이 하고픈 말을 아뢰는 것입니다. 그 사람은 자기 내면 안에서 자기 위에 군림하지 않는 다른 무언가가 작용한다는 사실을 압니다. 그것이 바로 기도하는 사람을 관통하고 변화시키는 성령의 숨결입니다.

믿지 않는 사람에게는 기도는 그저 상상 속의 신을 향해 무작위로 시작되는 연설에 지나지 않을 것입니다. 믿는 이에게 기도는 새 세상으로부터 나오는 향기가 됩니다. 그래서 기도의 향기가 아버지요 하느님이신 분께 향하는 단어들을 통하여 우리에게 들숨으로 주어집니다.

제5장

기도

누군가 기도한다.
구름을 뚫으려고
태양 뒤로 숨어들려고
누군가 기도한다.
당신이 살아있다 말하려고
아무것도 당신 입을 다물 수 없게 하려고

누군가 기도한다.
당신이 삶을 자유롭게 만들 수 있다고 외치려고
그러나 당신은 혼자여서
당신 곁에서 함께 걸을 누군가가 필요하다며 외치려고

누군가 기도한다.
눈물 흘리고 찬미하려고

통곡하고 춤추려고
누군가 기도한다.
속삭이고 울부짖으려고
그렇지만 누군가 기도한다.

누군가 기도한다.
당신이 존재한다는 것을 아버지께 상기시키려고
그분께서 당신의 인생을 책임지신다는 점을
기억하게 하려고
누군가 기도한다.
당신 형제자매들을 찾으려고
그리고 그들과 함께 하나되려고

하느님, 당신 그리고 당신의 형제자매들
당신들은 다같이 누리의 얼굴을 새롭게 할 것이다.

찰스 싱어 Charles Singer

참고 자료

Jean ANSALDI, *Le combat de la prière, De l'infantilisme à l'esprit d'enfance*, Poliez-le-Grand 2001.

Enzo BIANCHI, *La violenza e Dio, Vita e Pensiero*, Milano 2013.

Oscar CULLMANN, *La prière dans le Nouveau Testament*, Paris, Cerf, 1995.

Jacques ELLUL, *L'impossible prière*, Paris, Le Centurion, 1970.

Louis EVELY, *La prière d'un homme moderne*, Paris, Desclée de Brouwer 1969.

Sœur Myriam, Seigneur, *donne-nous la prière*, Paris, Desclée de Brouwer 1998.

Christophe Senft, *Le courage de prier. La prière dans le Nouveau Testament*, Aubonne, éd. du Moulin, 1983.

Charles Singer, *Prier*, Paris, Desclée, 1979.

Jean Zumstein, *La prière de Jésus. Pour revisiter notre quotidien*, Bière Cabédita, 2015[2].